社会体育学的多维度分析与研究

程　鹏　于天博　王晓龙　著

中国纺织出版社

内 容 简 介

众所周知，社会体育学是介于体育学和社会学的综合性学科，是社会学领域的应用社会学的分支，体育科学中的一门基础学科。它从社会本质上来把握体育的特征，功能，手段，途径。本选题首先对社会体育学进行了概述，包括概念、结构与功能、特点、我国社会体育的目的与任务等，然后进一步阐述了社会体育与社会进步、社会体育参与、社会体育活动内容与方法、社会体育与终身体育、社会文化中的体育运动、社会进步中的体育运动、社会生活中的体育运动等内容，从多个维度对社会体育学进行充分的研究，最后对体育社会学研究方法进行了全面的阐述与解析。

图书在版编目（CIP）数据

社会体育学的多维度分析与研究 / 程鹏，于天博，王晓龙著. — — 北京 ：中国纺织出版社，2018. 2

ISBN 978 - 7 - 5180 - 3551 - 9

Ⅰ. ①社… Ⅱ. ①程… ②于… ③王… Ⅲ. ①体育运动社会学 - 研究 Ⅳ. ①G80 - 051

中国版本图书馆 CIP 数据核字（2017）第 093879 号

责任编辑：武洋洋　　责任印制：储志伟

中国纺织出版社出版发行
地址：北京市朝阳区百子湾东里 A407 号楼　邮政编码：100124
销售电话：010 - 67004422　传真：010 - 87155801
http：//www. c-textilep. com
E-mail：faxing@ e-textilep. com
中国纺织出版社天猫旗舰店
官方微博 http：//www. weibo. com/2119887771
虎彩印艺股份有限公司印制　各地新华书店经销
2018 年 2 月第 1 版第 1 次印刷
开本：710 × 1000　1/16　印张：11. 375
字数：213 千字　定价：51. 00 元

前　言

社会体育作为我国体育事业的重要组成部分，关系到人民体质的增强、健康水平的提高和生活质量的全面改善，在一定程度上来讲是现代社会文明、健康、科学的重要标志之一。随着现代科学技术的飞速发展，生产力的不断提高，现代生产方式和人文环境等客观条件对社会体育的性质、内容、范围、结构以及对象等都会产生比较大的影响。

本书大致分为三个部分，第一部分为第一章，主要为我们讲述了一些社会体育学的基本理论，包括社会体育学及相关概念解析、社会体育的基本要素、社会体育的结构及特点、社会体育的地位与功能、我国社会体育的目的与任务等内容。第二部分为第二至第五章，第二章主要讲述的是社会体育活动的内容与方法（保健体育、休闲体育、健美体育），第三章主要讲述的是社会体育与社会进步之间的关系，包括社会体育与生产方式、社会体育与生活方式、社会体育与大众健康、社会体育与社会文化等内容，第四章主要讲述的是社会体育与终身体育，包括终身体育概述、儿童青少年体育、中老年人体育、妇女体育、残疾人体育等内容，第五章主要讲述的是社会体育与竞技体育之间的关系，包括竞技体育概述、竞技体育与社会竞争、竞技体育与社会规则、竞技体育与社会公平公正、竞技体育的分类、竞技体育的社会价值等内容。本书的第三部分为第六至第七章，其中第六章主要讲述的是社会有体育管理体制以及产业化发展理论，包括我国社会体育的管理体制、社会体育产业概念解析、社会体育市场研究、社会体育产业未来发展趋势，第七章主要阐述的是社会体育组织体系的构建和发展，包括社会体育组织的基本内容、社会体育组织的基本原则、社会体育组织活动指导方法的选择、社会体育组织发展的路径研究等内容。

总体上来说，本书逻辑清晰，内容丰富，具有非常重要的理论价值和实践价值，理论的发展最终是为了指导实践，希望本书能够在人们探索社会体育学的道路上尽到微薄之力。

本书在撰写过程中，对前人有关社会体育学的资料进行了借鉴和吸收，在此对其作者表示诚挚的谢意。由于时间仓促，水平有限，书中难免会有遗漏不妥之处，恳请广大读者朋友批评指正。

编者

2017 年 6 月

目　录

第一章　社会体育学的基本理论

本章通过对社会体育的概念、要素、结构、特点、地位、功能、目的、任务等方面的研究，使读者在宏观上对社会体育有了一个大致的了解，从而更好地了解我国社会体育的情况，以更好地为我国社会的体育事业服务。

第一节　社会体育及相关概念解析

一、社会体育相关概念

在我国的体育工作和体育活动中，社会体育与群众体育往往被混用在一起，笼统地被归为是一种概念，这种现象的存在是可以理解的，因为这两种体育模式确实存在许多的交集。但如果严格来看，社会体育与群众体育并不能简单地归为同一概念，它们有着各自不同的内涵。

我国体育管理部门将我国的体育大致划分为群众体育和竞技体育两部分，其中群众体育包括社会体育、学校体育和军队体育。在这一概念里，社会体育被归类于群众体育的一部分，是包含在群众体育当中的。而《中华人民共和国体育法》的划分则将体育分为社会体育、学校体育、竞技体育、军队体育四个部分，在这个分类当中群众体育并不自成一类，而是融入到以上的各个领域中的。

根据历史资料记载，“社会体育”一词早在1918年就已经在我国出现并且已经在体育范畴内广泛应用了。当时的社会体育的概念为：“社会体育者，指学校、军队以外一般社会之运动而言，期以锻炼身心，养成坚实之国民也。”而“群众体育”这一概念在1929年就也已经开始使用了。

现代社会体育的概念是指职工、农民和街道居民等自愿参加的，以增强身心健康为主要目的，内容丰富形式多样的群众体育活动过程。从这一概念可以看出，社会体育是我国现代体育事业的重要组成部分。社会体育与群众体育常常被归纳为同义词，是由于有广义和狭义之分。广义而言，社会体育是相对于高水平竞技体育而言的，在英文当中称为“sport for all”，从字面理解，在这个概念当中，除了竞技体育之外的所有体育活动都包涵在社会体育当中。同时，社会体育还有其狭义概念，指广大的民众自愿参加的以健身、健美、医疗、消遣、娱乐和社交为目的的，内容广泛、形式多样的体育活动过程。

社会体育是人的全面发展不可或缺的途径之一。社会体育在促进人的全面发展的同时，又能够将人的全面发展完全地反映出来，所以归根结底，社会体育存在的意义就是人的全面发展。社会体育在所有的体育类型当中涵盖的范围最为广泛。社会体育与竞技体育、学校体育和军队体育存在区别的最大的因素就是作为社会体育的主体的活动参与者对体育活动参与的自愿性和对活动要素把握的自主性。其中最为突出的一点就是社会体育的对象是除了学校体育涵盖的学生之外的普通人群，也与军事体育训练有着不同的意义。社会体育与社会文化的关系非常密切，它与社会文化相互交叉，相互影响，相互渗透。社会体育的活动形式多种多样，其活动内容也是丰富多彩、不拘一格的。社会体育存在着如此的包容性，以至于任何类型的体育都可以合理地存在于社会体育当中。

社会体育长期存在于人类社会，是由于它是一定的社会政治、经济、文化、教育的产物，同时对于人类的健康有着非常重大的意义，所以社会体育的生命力如此旺盛。而由于社会生产力正在不断增强，使得人们能够参与体育活动的闲暇时间也变得越来越多，参加社会体育的机会和条件也与日俱增。社会体育不受固定规则、器材、设备、场地的限制，其参与对象也不受性别、年龄、职业、兴趣、爱好等方面的限制，因此，社会体育几乎没有任何多余的限制。在人们越来越重视健康的当今社会，社会体育的作用愈发凸显，无论是从社会文化的角度，还是从体育活动的角度来说，社会体育的参与程度都是最高的。

二、社会体育发展的社会背景和现状

1949 年以来，我国社会体育大致经历了开基创业、波浪发展、十年挫折、恢复发展和全面发展五个阶段。社会体育在旧中国遗留下来的薄弱基础上，得到迅速发展。在半个多世纪的发展历程中，我国社会体育取得了引人注目的成就。社会体育已发展成为一个具有较大规模的独立的社会体系。

（一）群众体育的组织管理：从单纯的政府行为到社会共同行为

群众体育的组织与管理，基本由政府职能部门（各级体委）负责，由政府出人出钱来组织群众体育活动，这是几十年形成的格局。如今，这种旧有的格局正在发生着变化，除以政府行为参与群众体育的组织管理外，社会各界，无论是企业、社团乃至个人都允许和鼓励组织各种体育活动。由“一家办向大家办”转变的格局逐步形成。目前，由企业、社团举办的面向社会的大型群众体育活动，以及以个人名义组织的体育活动和俱乐部等组织形式也屡见不鲜。尽管他们的初衷不尽相同，但繁荣群众体育的客观效果却是一致的。社会行为在群众体育中的作用和体育社会化的趋势愈来愈明显。

（二）群众体育的运作形式：从公益型到经营型

在我国体育事业曾长期被当作上层建筑、意识形态领域的内容，而被列入政府工作计划，因此一直被视为是一种福利型、公益型活动，按“条块分割”统筹管理。其中的群众体育部分更是如此。加之计划经济占主导地位，市场经济体制尚未形成，从事面向广大群众的、自负盈亏的体育经营活动，不仅不现实，也是不可思议的。如今，以市场为导向的、服务于广大消费者的体育健身、休闲、娱乐为主的经营实体，正随着我国市场经济体制的改革和运行机制的逐步完善而蓬勃发展。2001 年年初，为贯彻落实国家“十五发展规划”，国家体育总局提出在全国范围建立“体育服务体系”。可以预计以市场为导向的社会化体育经营型实体将会得到更长足的发展，体育消费也将作为一个新的消费增长点在国民经济发展中占有一席之地。

（三）群众体育的目标：从单一目标到目标丛

“发展体育运动，增强人民体质”，这是我国体育事业的根本目的，更是群众体育的根本目的。多年来，我们在群众体育工作中一直是以健身价值为追求的直接目标。对体育的娱乐、消遣、增进人际交往等社会功能没有给予更多的关注和开发利用。实际上人们参加体育活动，并非首先想到的都是健身问题，相当部分的人追求的是娱乐和消遣，即为了丰富生活。近三十多年来，改革开放的社会环境使这种质朴的要求越来越得到充分的流露，亦得到各方面的认同和重视。群众体育已从以往的健身为主的单一目标，向娱乐、消遣、健身、交际并举的多目标发展。如花样翻新的趣味运动会、推陈出新的街头舞蹈、大秧歌，无不是群众体育目标多元变化的产物。

（四）群众体育的手段和内容：从“三原色”到五彩纷呈

做操、打球、跑步、打太极拳等群众体育固有的手段，简单易行，无需更多条件，对健康的功效也自不待言。遗憾的是它们并非对所有人都有吸引力，单调、枯燥的内容往往使其健身功效大打折扣。这三十多年来，群众体育内容“三原色”的状况得到了根本的改变，每天映入眼帘的，既有古老的中华武术气功，也有从西方引进的在思想禁锢时期被鞭笞、批判斥之，表现为颓废没落生活方式的迪斯科，以及台球、健美操之类，更有东西合壁，新创造出来的多种手段，不一而足。如果将原来群众的手段比作“三原色”，则当今我国群众体育已呈五彩缤纷之势。

（五）群众体育参加者的心态：由被动参与到主动投入

以往群众体育的开展尽管始终贯彻“业余自愿”原则，但往往是在号召、提倡的同时施以一定力度的行政影响。就连一些群众体育先进单位，也常常以工间操出席率作为发放全额奖金的依据，参加运动会要考勤、要补助费。参加者的被动心态可见一斑。如今随着闲暇时间的增多、生活质量的提高、社会时尚的进步，参加体育活动的心态已由“要我参加”到“我要参加”。经营性体育场所有增无减，中老年人参加气功班，青年人参加健美班，自掏腰包心甘情愿，被动参加体育活动者已不多见。单纯依赖国家办社会体育的体系正在发生变化，“花钱买健康”的观念逐步形成，社会体育费用正由福利型向福利型和消费型相结合的方向转变。

我国改革开放政策的实施和社会主义市场经济体制的建立，为社会体育的进一步发展提供了新的历史机遇。由国家调控、依托社会，充满生机的新型社会体育管理体制和良性循环的运行机制正在形成，社会体育的功能正在拓展。从而使社会体育组织以多种形式发展，社会体育的活动内容丰富多彩，满足个性发展的需要。社会体育功能和价值取向引起了体育观念的改变。以体育的生活化、普遍化、科学化、社会化、产业化、法制化、网络化特点构成了我国社会体育发展的走向。

第二节　社会体育的基本要素

一、社会体育参与者

社会体育活动的参与者主要包括社会体育活动的参加者、社会体育的管理者及社会体育方法的指导者。

（一）社会体育活动的参加者

社会体育活动参加者有着多种分类，下面主要从喜好程度、年龄、健康状况、性别等方面进行介绍。

1. 按喜好程度分类

按喜好程度，可将社会体育活动的参加者分为体育爱好者和非体育爱好者两类。

（1）体育爱好者

这一人群热爱体育，积极参加社会体育活动。因此，为其提供更好的条件和服务，可使其获得更大的满足。

（2）非体育爱好者

非体育爱好参加者可分为被动参与者、恐惧参与者及讨厌参与者。被动参与者对体育有一定的认知，但并无好感，仅在被动的情况下才参与体育活动。对被动参与者，要加强动员，使其在轻松愉快的氛围下运动，充分享受运动的乐趣，并逐步转变成为体育爱好者。恐惧参与者，在以往的体育经历中曾经受过挫折（如受过伤等），对参加体育活动存在一定的恐惧心理。要针对其产生恐惧的原因，选择适宜的运动项目（如对受伤者，改成安全的运动项目），逐渐消除其恐惧心理，使其转变成体育爱好者。讨厌参与者，对体育的成见很深，很难改变其看法，可先通过间接参与的方法，逐渐改变其对体育的看法。

2. 按年龄分类

按年龄的不同，社会体育活动的参与者可分为婴幼儿、儿童少年、青年人、中年人和老年人。

（1）婴幼儿参加者

俗话说："三岁至老"，人的许多习惯都是在婴幼儿时期形成的。在此期间，进行体育活动会在大脑皮层中留下深刻的印象。有国外研究表明，有婴儿体操经验者成为体育人口的比例较无经验者多出10%以上，从而说明，婴幼儿期开展体育活动的重要性。另外，婴幼儿时期的体育多采用亲子体育方法，这对增进亲子感情也有重要作用，终身体育应该从婴幼儿时期开始，这是提高我国体育人口比例的重要策略。

（2）儿童少年参加者

儿童少年正处于第一生长发育期，体育锻炼对其身心健康成长具有重要意义。儿童少年又处于学校教育阶段，学习运动技能、掌握体育活动方法、形成体育生活观念和活动习惯是这一时期的重要任务。儿童少年时期除参加体育教学活动外，课余时间自主进行体育活动和参加校外社会体育活动是其成为体育人口的必要途径。这些年来，随着青少年体育俱乐部的普及，儿童少年参加社会体育活动已成为社会体育发展的亮点。

（3）青年人参加者

青年人处于第二生长发育期，体育活动对其身心完善具有重要的意义。青年人由于处于性成熟阶段和学习、工作、生活的转换阶段，身心的变化和波动较大，参加体育活动对身体和情绪的稳定以及满足社交渴望有重要的作用。近年来，社会体育形式的不断丰富，为青年人选择自己喜欢的体育活动创造了良好的条件。一些时尚体育、极限体育以及自然体育活动受到青年人的喜爱。

（4）中年人参加者

中年人处于生活负担沉重期，其生活压力大，身体机能、体力下降显著，是健康危机产生时期。中年人特别需要通过体育活动消除疲劳、调节心情、平衡生活。中年人事业、家务忙是其参加体育活动的主要障碍，提供与其生活相适应的体育服务，是促进中年人参加体育活动的重要方法，如根据其余暇特点和体育需求，有针对性地设置活动时间和活动内容，吸引其参加社会体育活动。

（5）老年人参加者

老年人处于离退休状态，保持健康是其生活的重要内容。因此，老年人对体育活动有较高的需求。但老年人由于收入下降，机体衰老，社交缺乏等原因，对体育活动的内容和空间有特殊的要求。我国针对老年人体育实施的“身边的设施，身边的组织，身边的活动”举措，受到了广泛的欢迎。目前，以社区体育为主要形式的老年体育得到了快速发展，而如何进一步丰富老年人体育内容是今后扩大老年人参加体育活动人口比例的主要策略。

3. 按健康状况分类

按健康状况，社会体育活动的参加者可分为正常人、亚健康、病患和残障人四类。

（1）正常人参加者

在社会体育活动中，绝大多数体育项目都是为正常人设计的，因此，人们只需按一般要求进行运动，就可以获得满意结果。

（2）亚健康参加者

亚健康是指部分医学检查接近病理指标，身体机能能力较差，免疫力低下，容易疲劳。但因健康检查尚属正常范围，所以容易忽视健康问题。因此，必须抓紧时机，通过适当运动，调节生活，恢复健康。若错过时机，产生病患，则追悔莫及。

（3）病患参加者

病患是指患有某种或某些疾病，影响生理或生活功能。因此，一般采用有针对性的医疗体育活动，治疗疾病，改善体质。我国传统养生体育，如太极拳、气功等，对辅助治疗一些慢性疾病有较好的效果。

（4）残障人参加者

残障人是指身体或器官机能有明显障碍，并影响到生活。体育活动可帮助残障人进行功能恢复，也可通过体育活动、休闲娱乐，增进健康。体育活动还有助于残障人融入正常社会。我国政府非常重视残障人体育，建立了许多无障碍体育设施。进一步开发适合残障人的运动项目，提供更多与正常人共同参加体育活动的机会是今后残障人体育的主要策略。

4. 按性别分类

（1）女性参加者

由于受到社会偏见的影响，女性在体育活动中一直处于不利地位，她们参加体育活动的难度较大。女性喜爱美感、情感、合作、温柔、安全等性别特征也是推动体育运动发展的重要因素。由于社会过度强调竞争等社会价值观念，使女性的体育参与受到一定程度的抑制。随着社会价值的多元化，女性追求的社会价值不断得到认可，妇女的解放也将使女性参加体育活动的障碍越来越少。创造更多适合女性参与的体育活动，是女子体育发展的主要策略。

（2）男性参加者

在现代体育运动项目中，大多数运动项目适合男性，男子参加体育活动的选择范围较大。男性喜爱竞争、冒险、新奇、激烈运动等性别热枕，不仅是推动体育运动发展的重要原因，而且也是开展男子体育必须考虑的因素。

（二）社会体育的指导者

社会体育指导员是指我国《体育法》中所规定的社会体育工作人员，其资格得到国家认可，具有一定的法律地位。社会体育指导员分为志愿性和职业性两种形式。

1. 职业性社会体育指导员

职业性社会体育指导员是指依据《社会体育指导员国家职业标准》被政府认定的各级社会体育指导员。他们主要是在专业服务机构从事商业性社会体育指导工作。

职业性社会体育指导员分为初级、中级、高级和社会体育指导师四个等级。职业资格鉴定由劳动和社会保障部委托专门机构进行。职业性社会体育指导员按职业功能又可划分为体育咨询、技术指导、健身指导、组织管理、培训、科研六个方面。

目前，我国正在筹备职业性社会体育指导员的培训和鉴定工作。正式实施以后，未取得职业资格而从事职业体育指导行为将被视为违法，用人单位将会受到处罚。

随着职业资格获得人数的增加，成立社会体育指导员行业协会，维护社会体育指导员的合法权益和实行行业自律，将作为重要举措而受到有关方面的重视。

2. 志愿性社会体育指导员

志愿性社会体育指导员是指依据《社会体育指导员技术等级制度》被政府认定的各级社会体育指导员。他们主要是在业余时间志愿从事公益性社会体育指导工作，一般没有报酬。

志愿性社会体育指导员分为国家级、一级、二级、三级四个等级。其中，国家级社会体育指导员由国家社会体育管理中心委托有关培训基地（某些高等体育院校）培训并报批；一级社会体育指导员由省级体育行政机构培训和审批；二级以下社会体育指导员（含二级）由区县体育行政机构负责培训和审批。

社会体育指导员应具备思想道德、科学文化和业务能力素质。在思想道德方面，要坚决拥护中国共产党的领导，热爱社会主义祖国，遵守法律与社会公德，热心社会体育事业，积极从事社会体育工作；在科学文化上，要具有一定的科学文化知识，掌握社会工作的基本理念与方法；在业务能力上，要具备体育活动的技术指导、组织管理、科学研究等能力。

2003 年 7 月，上海市率先成立了社会体育指导员协会，加强了对社会体育指导员培训和业务指导工作，并着手建立市、区、社区三级组织网络，统筹管理社会体育指导员工作。

（三）社会体育管理者

社会体育是一项庞大的社会活动，其社会化程度较高，因此，管理工作有一定的复杂性。社会体育管理人员主要有商业服务人员、事业工作人员及行政管理人员等。

1．社会体育商业服务人员

社会体育商业服务人员是指在各种商业体育机构从事社会体育管理和服务的工作人员。商业服务工作的主要内容有：健身咨询和处方服务；运动设施服务；体育俱乐部服务；健身指导服务；运动产品营销服务等。

随着现代体育产业的蓬勃发展，商业体育服务肌肉增长迅速，为人们享受体育乐趣创造了良好的条件。商业服务人员要进一步提高专业素质和职业道德水平，适应人民日益增长的体育消费需求。

2．社会体育事业工作人员

社会体育事业工作人员是指各级社会体育管理中心从事与社会体育有关的工作人员。事业工作的主要内容有：制定社会体育事业发展计划和策略；支持和援助各类社会组织活动；组织和开展大型体育活动；接受行政委托，实施社会体育管理职能；开展体育科学普及活动和体育骨干培训活动等。

随着社会体制改革的不断深入，社会体育事业工作的服务性和中介性逐渐突出，事业工作人员要将发展作为硬道理，从不同层面和渠道动员更多人参与社会体育活动。

3．社会体育行政管理人员

社会体育行政管理人员是指在各级政府部门从事与社会体育有关的管理工作人员。管理工作的主要内容有制定体育政策法规、发展规划等；依法管理社会体育机构、企业、组织的活动；实施行政审批工作；实行奖惩制度；开展国民体质监测工作；开展体育宣传教育和科学研究活动等。

随着改革开放的深入发展，“政社分开”“管办分离”已经成为管理体制变化的重要特征。因此，在社会体育管理中，行政人员要有所作为，有所不为，管好政府该管的社会体育工作，逐步推行多元化社会管理模式，尤其是要从“办”体育中脱离出来，加大宏观管理力度，营造活性化社会体育发展的新局面。

二、社会体育活动

为了便于理解和把握社会体育活动，本节主要从社会体育活动的形式、内容以及活动的空间、时间特征等方面进行研究。

（一）社会体育活动的形式

社会体育活动的形式也有着多种多样的分类，如按参与方式分类，可将社会体育活动的形式分为有组织与自发性的活动；按参与性质分类，社会体育活动可分为直接与间接参与的活动；按组织形式分类，社会体育活动形式可分为家庭、社区、企业及俱乐部活动……下面主要从参与方式、参与性质、组织形式三个方面对社会体育活动的形式进行介绍。

1. 按参与性质分类

按参与性质分类，社会体育活动形式可分为直接参与和间接参与两种。

（1）直接参与的社会体育活动

在社会体育活动中，直接参与是指人们亲身参加体育活动，并通过运动获得体育参与满足感的社会体育活动形式。一般情况下，可以将直接参与社会体育活动的人群分为经常参加体育活动者和偶尔参加体育活动者。目前，我国将每周参加体育活动 3 次以上，每次活动时间 30 分钟以上，每次活动强度中等程度以上者定为体育人口。国际上有多种划分标准，目前较多采用每周 1 次以上，每次 20 分钟左右，轻、中度运动负荷作为经常性参加体育活动者的判别标准。

（2）间接参与的社会体育活动

间接参与是指人们通过观看体育比赛、表演或阅读体育报刊以及参与体育活动的组织管理服务等方式，获得体育参与满足感的社会体育活动形式。在间接参与社会体育活动的人群中，可分为观众、读者和服务人员。他们的参与形式虽然与直接参与者有本质的区别，但也是构成体育参与的很重要组成部分，同时也是体育市场不可或缺的重要方面。

在间接参与社会体育活动的人群中，大多数人为潜在的体育人口，也是最有可能通过动员工作转化为直接参与的人群。

2. 按参与方式分类

按参与方式分类，社会体育活动形式分为有组织的社会体育活动和自发性的社会体育活动，内容如下。

（1）有组织的社会体育活动

一直以来，企事业单位组织职工体育活动是我国社会体育的主要形式。改革开放以后，随着“单位制”的弱化，我国社会体育组织形式有了较大变化，一些新的组织形式的产生使人们更加方便地加入体育活动行列。这些组织形式主要有商业体育设施组织的健身娱乐活动和体育教学活动，社区体育组织开展的健身锻炼和体育表演活动，地方政府组织的各种运动会和节日体育活动等。

（2）自发性的社会体育活动

我国城乡居民进行体育活动，通常会利用居住空地、广场、绿地、公园等场所进行体育活动的传统。近几年来，随着城乡发展规划，基础设施的改善，人们自发地参加体育活动的现象越来越普及。在时间上，自发性体育活动主要表现为晨晚活动；在空间上，其主要在房前屋后、社区广场、绿地以及公共设施等场所。在活动方式上有个人的，也有小团体的，团体结构大多为松散型非正式组织。

3．按组织的形式分类

按组织的形式，可将社会体育活动形式分为家庭体育、社区体育、俱乐部体育和企业体育四种。

（1）家庭体育

家庭体育是指由家庭成员共同参与的体育活动。在实践活动中，往往还包括亲友参与的体育活动。家庭体育形式主要有亲子活动、夫妻活动和亲友活动等。在生活体育中，家庭体育是其主要形式，它不仅具有健康作用，而且对休闲娱乐、增进感情、教育教养、增添生活情趣等也有重要作用。

（2）社区体育

社区体育是由社区居民共同参与的体育活动。在实践活动中，还包括由社区单位成员参加的体育活动。社区体育形式主要有社区健身苑、点、健身路径活动，社区广场、绿地健身活动及社区会所活动等。团队和俱乐部活动是其主要的组织形式。社区体育具有生活体育和社会活动的双重性，它既是全民健身的主要形式，也是建设文明社区，开展精神文明活动的重要方面。

（3）俱乐部体育

俱乐部体育是指由具有共同体育志趣的人自主进行的体育活动。俱乐部体育形式有按人群分类的俱乐部活动、按地区分类的俱乐部活动和按单位分类的俱乐部活动等。俱乐部体育组织形式有会员制（封闭型）、学员制（开放型）和综合制（混合型）等。俱乐部体育具有自愿参加、自治管理以及自负盈亏的特征，符合市场经济体制要求，是我国社会体育组织形式的发展方向。

（4）企业体育

企业体育是指由企业员工共同参与的体育活动。在实践活动中，往往包括同行业或同地域不同企业间的体育交流活动。企业体育活动形式主要有职业体操（含工间操）、俱乐部活动、例行体育活动（如运动会等）及体育竞赛活动等。企业体育对提高员工素质，改善企业文化，增进企业效益具有重要的作用。

（二）社会体育活动的内容

社会体育活动的内容根据不同的划分标准有着不同的分类。下面主要从项目、场所、目的三个方面对社会体育活动的内容进行介绍。

1. 按项目分类

（1）田径运动：跑、跳、投掷等。其中，跑类项目有短跑、中长跑、马拉松等；跳跃类项目有跳高、跳远、三级跳等；投掷类项目有铅球、标枪、铁饼等。

（2）体操运动：器械体操、艺术体操、技巧、健美操、有氧操及广播操等。

（3）球类运动：篮球、排球、足球、乒乓球、羽毛球、网球及高尔夫球等。

（4）其他运动。

2. 按场所分类

（1）室内体育：壁球、乒乓球、台球、器械健身等。

（2）室外体育：网球、高尔夫球、门球等。

（3）野外体育：郊游、野营、登山、海水浴等。

3. 按目的分类

根据目的不同，可将社会体育活动的内容划分为保健型社会体育活动、社交型社会体育活动、自我发展型社会体育活动和享乐型社会体育活动。

（1）保健型社会体育活动

追求健康是保健型社会体育活动开展的目的，通过体育活动来保持和增进身心健康，或通过运动治疗疾病进行功能恢复等。运动养生和健身是我国优良的文化传统，而体育一直是保健的重要手段。在科学技术快速发展的大背景下，体育的保健作用也逐步得到了更大程度的认可，科学健身的趋势正在形成。

（2）社交型社会体育活动

社交型社会体育活动是通过体育活动进行人际交往，增加友谊和感情，其目的是获得社交满足。

随着人们生活水平的不断提高，人们的生活方式也发生了很大的变化。在轻松愉快的运动氛围中进行社交活动，也逐渐被多数人认可和接受。根据相关研究证明，人在运动中处于一种适宜的兴奋状态，心情比较愉快，人际沟通也比较容易。社交型社会体育活动主要有俱乐部体育、社区体育和节日体育等。俱乐部体育因参加者志趣相投，获得的满足感较大；社区体育是一种邻里体育，共同参与体育互动对联络社区居民感情，建立共同意识具有重要的意义；通过体育活动来欢庆节日是一种文明、快乐的过节度假方式。

社交已成为现代生活方式的重要组成部分，它是人类的一种基本需求，“广场流行交谊舞”也正是社交体育备受青睐的一种表现。

（3）自我发展型社会体育活动

自我发展型社会体育活动是通过体育运动，来体现个人价值，实现人生目标，其目的是追求自我实现。

随着我国改革开放的实行，社会多元化态势已经形成。人们通过各种途径实现自我目标。其中，有许多人通过体育运动追求自己的目标，并得到社会的认可。

（4）享乐型社会体育活动

追求运动乐趣是享乐型社会体育活动的目的，它是通过运动享受丰富的文化生活，提高生活质量。在我国基本上进入小康社会后，享乐型社会体育活动受到人们广泛的欢迎。

（三）社会体育活动的空间

社会体育活动以住宅为圆心，根据利用半径的距离，可将社会体育活动的空间分为社区体育活动空间、城乡体育活动空间和省际体育活动空间。

1. 省际体育活动空间

省际体育活动空间是指利用城市圈、城市群和城市带的体育设施进行体育旅游活动的范围，利用半径为 1 ~ 5 小时车程。一般分为三个层次，即都市圈、城市群、城市带。第一层次是都市圈，即利用所在地的卫星城市或乡村体育设施进行体育活动；第二层次是城市群，如长江三角洲地区的体育旅游；第三层次是城市带，如长江流域、黄河流域及东南沿海地区等。另外，由于城市圈、城市群和城市带具有区域文化相同、生活风俗相近的有利因素，便于进行体育交流，开展旅游、度假体育的有利空间。

随着交通、通讯的发展，以及人们生活质量的改善，人们的体育旅游度假空间还将扩大到国际空间，从而创造更大的体育活动范围。

2．城乡体育活动空间

城乡体育活动空间是指利用所在区县、市、地区或省市的体育设施进行休闲体育活动的范围，利用半径为 1 小时车程以内。一般分为三个层次，即区县、城市、地区或省市。第一层次是区县，第二层次是城市，第三层次是地区或省市。对于大城市来讲，可分为中心区、边缘区及郊区三个层次。城乡体育空间的三个层次为人们选择体育活动提供了丰富的条件。一般来说，随着区域级别的提高，体育设施的丰富性也会随之逐步提高。而对于大城市来说，中心区以商业、服务业为主，边缘区以住宅生活服务为主，郊区以农业、自然设施为主，这也为提供不同的体育服务创造了条件。

3．社区体育活动空间

社区体育活动空间是指利用住宅附近的体育设施进行体育健身活动的范围。利用半径为 100～1000 米，一般可分为三个层次，即组团、小区和社区。第一层次是组团，即利用居民楼附近的空地、绿地进行体育活动；第二层次是小区，即利用住宅小区的各种体育设施（包括健身苑点、体育会所等）进行体育活动；第三个层次是社区，即利用生活社区的公园、广场、公共或商业体育设施进行体育活动。由于社区体育空间具有便利和贴近生活的特点，是日常体育的主要生活空间。

（四）社会体育活动的时间

由于社会体育活动与生活有着非常密切的关系，按我国相关规定大多数社会体育活动具有三种时间形式，即假日体育活动时间、周末体育活动时间和日常体育活动时间。

1．假日体育活动时间

假日体育活动时间主要是指春节、五一、十一等节假日。我国推行长假制度，一般规定为 7 天。人们常常利用长假进行旅游度假活动，因此，假日体育以体育旅游、度假体育为主。我国地域广阔，可供体育活动的山川、森林、湖海以及度假体育设施很多，为人们实施体育旅游和度假体育创造了良好的条件。

在国外，假日体育盛行自然体育，人们在体育活动过程中与大自然亲密接触，通过运动和身心回归自然，达到消除疲劳、释放烦恼的目的。我国现阶段假日体育活动还不够普及，随着我国旅游产品的不断丰富，假日体育也将会得到迅速的发展。

2. 周末体育活动时间

周末体育活动时间，顾名思义，就是星期六和星期天。自从我国实行双休日制以来，人们在周末有较为充分的时间进行体育活动，周末体育活动一般以休闲娱乐体育为主。由于我国大多数体育设施白天开放，所以，人们一般利用上午和下午进行体育活动的情况较为多见。国外有周末度假的习惯，因此，郊游、登山、海水浴等休闲体育比较盛行。在我国，周末打羽毛球、台球、游泳等体育活动比较流行。

由于周末生活主要是以调节为主，因此，采用积极性休息的方式进行休闲娱乐体育活动，对消除疲劳及情绪转换具有重要意义。

3. 日常体育活动时间

日常体育活动是以晨、晚健身锻炼为主，活动时间为星期一到星期五。早晨和晚间外出的人相对较少，环境较为安静，空气清新，有利于体育活动的开展。但晨晚间时间有限，因此，人们的活动范围也较小，一般以社区为主。国外企业有利用午间、工间进行体育活动的惯例，我国也曾推行过工间操等活动。如何有效地利用休息时间开展体育活动，对提高学习、工作效率，减轻疲劳有重要意义。

三、社会体育组织

从组织化程度来看，社会体育组织，可分为正式社会体育组织和非正式社会体育组织。

（一）社会体育的非正式组织

社会体育非正式组织指自发成立的不具备法人资格的社会体育群体组织，分为中介型和自治型两种。

1. 中介型社会体育组织

社区体育协会组织是主要的非正式的中介型社会体育组织。其中介功能主要体现在以下三个方面。

（1）协调各社区体育组织之间的关系。目前，我国城市社区体育组织（团队）较多，组织间在资源利用、信息交流、活动组织等方面需要有中介组织进行协调，其中还包括社区各单位间体育组织活动的协调等。

（2）开展社区体育服务，为社区居民提供体育组织、指导、信息、设施等服务。

（3）接受社区行政机构委托，对社区体育活动实施监管、监测等工作。

2. 自治型社会体育组织

自治型社会体育组织可分为社会自治型体育组织和社区自治型体育组织，两者在成员构成和设施利用上有明显的区别。

（1）社会自治型体育组织

社会自治型体育组织的活动场所是以公园、广场、公共体育设施等社会公共设施为主，其目的是健身、休闲和社交等，自发组成志趣群体，自主管理而开展社会体育活动。此类组织以社会感情为纽带，成员间角色关系具有不确定性，成员流动性也较大。但由于在这类组织的体育活动中，可以充分保持成员的个性，参与的满足感较强。

（2）社区自治型体育组织

构成社区自治型体育组织的成员具有广泛性，组织控制的难度较大。此类组织以其内容的丰富性和参与的便利性受到社会的广泛欢迎。但此类组织缺乏监管，易发生问题。这类体育组织以社区公共设施为活动场所，成员多为居民，互相熟悉并具有公共（社区）意识，以健身、休闲、社交为目的，自发组成志趣群体，自主管理，开展社会体育活动。此类组织以社区感情为纽带，邻里关系明确，成员稳定性强。

（二）社会体育的正式组织

社会体育正式组织可分为三类，即体育社团组织、体育事业组织和体育行政组织。

1. 体育社团组织

中华全国体育总会是我国最大的体育法人社团组织。省、自治区、市、区、县也有体育总会。许多省市在社区设体育协会，负责社区体育社团管理工作。此外，一些群众性社团组织，如共青团、工会、妇联等也负责对相应人群开展社会体育工作。

国家体育总局正在推行的青少年体育俱乐部和社区体育俱乐部是一种

具有民办非企业单位性质的法人社团组织，它代表了今后基层社会体育组织的发展方向。

2. 体育事业组织

我国有一个事业单位性质的社会体育管理体系，即在国家、省、自治区、市、区、县设置社会体育管理中心，接受政府委托，实施一定的社会体育管理职能和指导、举办各种社会体育活动。目前，部分省市在社区层次上成立社区体育指导站，由社会体育指导员担任负责人，指导、管理、开展社区体育，从而形成相应的四级网络体系。

3. 体育行政组织

我国社会体育的行政主管部门包括国家体育总局群体司和省、自治区、市、区体育局群体部门及具有行政职能的街道办事处、乡镇政府。此外，教育、民政、文化、卫生等行政部门也负责相应的社会体育管理工作哦，从而构成社会体育的行政管理系统。

四、社会体育设施

社会体育设施可以分为商业体育设施、单位体育设施及公共体育设施三大类型。

（一）商业体育设施

通常情况下，商业体育设施可以分为两种类型，即社区体育设施和社会体育会所。

1. 社区体育会所

社区体育会所是指由房地产开发商在中、高档楼盘建设时的配套体育设施。其服务对象为住在居民，设施配置基本与社区健身中心相同。开发商一般采用委托经营模式，由专业服务机构承包经营，多采用俱乐部服务形式，收费比社会体育设施低廉。一般内部装修比较讲究，服务质量较高。

2. 社会体育设施

商业新的社会体育设施是是将市场作为导向，以赢利为目的，以服务为手段，是丰富人们文化生活、满足体育需求必不可少的社会服务设施。由于商业新体育设施的市场针对性强，专业服务水平高，人们在活动过程中的满足度也比较高，颇受市场欢迎。另外，商业新社会体育设施的发展在促进消费和拉动内需方面起到了积极作用，因此受到政府的支持和鼓励。

目前，我国的商业性社会体育设施主要是健身和娱乐类，服务内容还不够丰富，尚未形成多元化态势，还有较大的发展空间。

（二）单位体育设施

单位体育设施是指企事业、机关及学校的体育设施。在计划经济时代，因其公有制特点，一般将其归为公共体育设施。我国实行社会主义市场经济体制后，单位的所有制发生了较大变化，多种所有制并存，使单位体育设施的性质和利用变得复杂起来。因此，将单位体育设施作为一个独立的系统进行研究是非常有必要的。单位体育设施又可分为企事业单位体育设施和学校体育设施两大类。

1. 企事业体育设施

在我国一些大中型规模的企事业单位中，均设有体育设施，主要为员工进行健身活动提供服务，较少向社会开放。随着“属地化”管理体制的普及，企事业单位与社区发展的关系越来越紧密，为社区居民提供体育设施服务成为企业文化的重要举措之一。

在开放体育设施的同时，企事业单位也可利用社区资源推动本单位体育的发展，进而通过体育活动来进一步提高本单位的社会竞争力。

2. 学校体育设施

我国学校体育设施大约占体育设施总量的七成。在当前体育设施紧缺的情况下，这类体育设施是弥补社会体育设施不足的极为重要的方面。特别是在中小学分布按人口密度设置的情况下，其布局的合理性为人们就近利用体育设施提供了十分便利的条件。学校体育设施一般是非全天候利用，因此，有可能在早、中、晚及下午的部分时间向社会开放，以提高体育设施的利用率，满足周围居民的健身需求。目前，我国学校体育设施的开放还存在经费负担、风险责任、组织管理和健身指导等方面的问题。联合社区开展体育设施服务是学校体育设施服务改革的主要策略。

（三）公共体育设施

公共体育设施根据不同的划分标准可以分为不同的类型，如按设施规模分类，可分为大规模体育设施和中小规模体育设施；按运动项目设置分类可分为综合性体育设施和单项体育设施；按服务范围分类可分为省市级、区县级、社区级体育设施等。

1. 按服务范围分类

（1）省、自治区、市社会体育设施

此类社会体育设施多为地区标志性体育建筑，承担各项省市级运动会、节日体育活动及各类专业化体育服务。这类社会体育设施具有示范性、高水平、大规模等特点，是地区社会体育活动中心。

（2）区县级社会体育设施

此类社会体育设施多为区域性体育中心，主要承担区县级各项体育活动和各区域性体育组织开展的各项体育活动。其设施开放程度高于省市级体育设施，具有便利性、经济性、中小规模等特点，是周围居民和体育组织开展体育活动的主要场所。

（3）社区级社会体育设施

这类社会体育设施主要有健身苑点和健身中心两种形式。

①健身苑点（含健身路径）：健身苑一般为街道（乡镇）级绿地健身设施，主要为社区居民日常健身锻炼提供服务。面积为1000平方米左右（不同地区差异较大），设置的健身器材为20～40件（套），并有绿化布局，也称为健身公园、健身广场。

健身点为居委（村）级户外健身设施，主要为小区居民日常健身锻炼提供服务。面积一般在100～500平方米，设置的健身器材为10～20件（套），一般布局在小区绿地、空地或周围。

健身路径是由国家体育总局利用体育彩票公益金会同地方体育局为社区投资兴建的户外健身设施。除配备健身器材外，一般还建有鹅卵石健身路径。

②健身中心：它是近年来在大中城市兴起的社区级室内综合性健身设施，主要为社区居民提供较高质量的休闲健身活动服务。健身中心一般设有健身房、体操房、乒乓房、台球室及游泳池等小规模体育设施，有些健身中心还兼有室外体育场地。健身中心一般还有会议室、咖啡厅、更衣室、沐浴室以及小卖部等附属设施，是居民健身、休闲的好去处。

2. 按设施规模分类

（1）大规模社会体育设施

大规模的社会体育设施大多为综合性体育设施，一般为区域标志性体育设施，主要承担大规模的体育活动、高水平运动竞赛和表演及多项目体育组织活动等任务，是区域性体育活动中心。

大规模的体育设施一般具备高等级、专业化服务条件，可为社会体育活动提供高质量的服务，但也存在服务成本高的局限性。由于大规模体育设施的稀少，其利用半径较大，因此，在服务功能上要区别于中小规模体育设施，体现规模效应，实际成为区域文化和体育活动中心。大规模体育设施附属设施比较齐全，可为区域社会体育活动提供会展、培训及休息等多种服务。

（2）中小规模社会体育设施

中小规模的社会体育设施多为单项运动设施或综合性健身设施，主要为周围地区居民提供日常体育活动服务。中小规模体育设施一般在区县范围内设置，设置服务种类有限，但服务成本相对较低。因此，成为普通人群利用的主要社会体育活动场所。

另外，由于中小规模体育设施在开放的同时，还承担着发展区域社会体育的任务，往往与各社会体育组织有较为紧密的联系。中小规模体育设施因其有一定的局限性，所以在服务中要突出其特色，形成局部优势。要加强对不同人群的服务，弥补服务种类的不足，要在开展经济型社会体育活动的同时，多开展公益性的社会体育活动。

五、社会体育方法

作为一项以公益性为主的社会活动，社会体育的主要目的是提高人民的生活质量，促进社会进步和发展。在组织开展社会体育活动时，应根据社会体育目标来选择合适的方法，即开展社会体育的方法与社会体育目标有着非常密切的联系。社会体育方法的方法学特征主要体现在社会体育服务和社会体育科学技术两个方面。

（一）社会体育服务

社会体育服务主要包括四种形式，即体育指导服务、体育信息服务、体育组织服务和体育设施服务。

1. 体育指导服务

体育指导服务主要有体育教学服务、运动处方服务、运动技术服务及体育咨询服务四种。

（1）体育教学服务

体育教学服务是指通过运动技能教学，使被指导者掌握运动方法并能够独立地进行科学的体育活动。

（2）运动处方服务

在经过健康诊断的基础上，有针对性地为被指导者制定具体的运动计划，即运动处方。在选择活动内容和安排运动负荷方面，运动处方服务有着严格的要求。运动处方要与医务监督结合才能获得良好的效果。

（3）运动技术服务

高科技的应用为社会体育发展提供了动力，但对老百姓来说，在使用高科技时还存在一定的困难。社会体育指导员有责任通过运动技术服务，提高大众的运动效果。常用的运动技术服务有运动技术分析、体质监测、健康管理等。

（4）体育咨询服务

体育咨询服务包括理论解释、方法指导、问题分析等。理论解释以介绍体育知识、宣传体育观念、解释运动作用等为主；方法指导则针对咨询者情况，进行个性化指导，帮助期掌握运动方法；问题分析以回答问题、分析原因、消除疑惑等为主。

2. 体育信息服务

体育信息服务主要有体育情报服务、体育宣传服务及体育广告服务三种形式。

（1）体育情报服务

通过互联网，为大众提供各类体育信息资料，便于人们参与体育活动；提供各种参考依据，供科学研究；也为人们进行体育交流提供方便。

（2）体育宣传服务

通过各种渠道，宣传体育知识、观念，进行体育科普教育，提供各种运动教学资料，提高国民的体育素养。

（3）体育广告服务

为各种体育产品、体育服务进行广告宣传，促进体育市场的繁荣。

3. 体育组织服务

体育组织服务主要有体育组织中介服务、体育组织管理服务及体育组织照顾服务三种。

（1）体育组织中介服务

体育组织的中介服务主要有代理、协调、沟通等。组织成员有需求、意见及问题时，体育组织可通过相关渠道进行沟通，如向行政部门反映问题，向相关产业反映需求信息等。成员之间、成员与外部发生矛盾时，组织可以帮助协调、化解矛盾。组织可以代表成员进行维权活动，或代替成员办理有关事务等。

(2) 体育组织管理服务

体育组织管理服务包括组织过程的决策、会计、日常事务处理、成员行为规范等。民主决策、费用公开、分工合理、规章制度明确等是管理服务的基本要求。组织成员是否参与决策过程，是否了解规章制度对归属感影响较大。社会体育管理侧重于“理”，即理顺关系使体育活动顺利进行。

(3) 体育组织照顾服务

相互照顾是组织的基本功能。在体育活动中，人们会产生这样或那样的困难，需要别人帮助。体育组织通过动员，对需要照顾者实施帮助，使成员获得更大满足。

4. 体育设施服务

体育设施服务主要包括硬件服务和软件服务两个方面。

(1) 体育设施硬件服务

体育设施硬件服务包括基本运动设施、附属设施和相关设施三类。基本运动设施服务强调设施的是适用性和安全性，设施的适用性不仅指物理学特征，也包括心理学要求。附属设施服务强调舒适性和人性化，如更衣室、沐浴房、厕所的清洁和私密性等。相关设施服务包括餐饮、会议、购物等，相关设施服务虽然与运动本身关系不大，但对设施服务品质有一定的影响。

(2) 体育设施软件服务

体育设施软件包括设施经营体制、设施经营策略等。社会体育设施软件的服务对提升设施服务品质具有关键意义。设施经营体制有会员制、学员制、一般开放制三种形式。其中，会员制是设施软件服务的主体，应优先满足会员的体育需求。设施经营策略有高端、中端、低端三种模式。高端服务采用高质量、高消费形式；低端服务采用大众化量贩消费模式；中端服务介于两者之间，采用舒适化消费模式。高、中、低端服务各有利弊，必须根据市场情势加以确定。采用分层服务方式，可以综合各端优势，壮大参加者队伍。

（二）社会体育科学技术

在社会体育的发展过程中，科学技术为其发展提供了重要的支撑，社会体育科学技术是科学技术在社会体育活动中的应用。社会体育科学技术主要有运动科学技术、经营科学技术、信息科学技术三大类型。

1. 运动科学技术

运动生物学、运动医学和心理学的发展使得人们对人体运动的科学认识有了很大的提高。此外，材料科学的发展进一步保障了社会体育活动的安全性；运动项目的开发、运动技术的发展、运动用具的改良及运动规则的合理化，对人们的运动技能提高和运动潜力的发挥起到了较大的促进作用。

2. 经营科学技术

随着社会体育市场化和社会化程度不断提高，经营技术在社会体育活动中的运用也比较多，如通过市场调查，分析社会体育需求等；采用市场营销策略开展大规模的体育活动；运用企业文化模式进行组织管理等等。在社会体育活动中，通过经营科学技术的应用，体育资源也得到了更加合理地利用，从而使体育活动效率大大提高，同时也使得活动成本得到降低。

3. 信息科学技术

随着信息革命的开展，许多高科技被应用于人们的日常生活中。在社会体育活动中，多媒体技术、互联网技术、移动通讯技术和计算机技术都得到了广泛的应用。例如，在体育教学中运用多媒体手段；通过互联网查阅相关体育文献资料，发送有关体育信息；应用移动通讯技术开展野外体育运动；利用计算机处理运动数据等。许多尖端信息技术在社会体育活动中的应用，进一步提高了社会体育活动的科学性和便利性，也使运动效果有了明显的改善。

第三节　社会体育的结构及特点

一、社会体育的结构与组成要素

（一）社会体育的结构

体育是一个开放的、复杂的系统，它具有清晰的结构特征，这种结构是体育作为系统出现、存在的前提和主要形式。社会体育的结构，就是指构成社会体育的内在的各种因素的相互联系、相互制约、相互作用的相对稳定的方式。现代体育是一个由多层次子系统构成的母系统，大致可以划分为七个子系统：群众体育系统、竞技体育系统、学校体育系统、体育科研系统、体育宣传出版系统、体育场馆系统和体育服务系统。

1. 社会体育的结构类型

从组成形式来划分，体育社会结构可以分为封闭结构和松散结构。封闭结构主要是指具有严密纪律的组织和团体，如体育俱乐部、体协等。松散结构主要是指群众自发组织的、没有用章程来约束其参与者的结构，如有些自发组织起来的业余篮球队、球迷协会、晨练辅导站等。从功能作用来分解，体育社会结构又可以分为决策、执行、协调、保障等组织结构。在这方面它同其他社会系统都是相同的，属于管理系统结构。

社会体育体系是一个松散结构，主要是参与者构成的多样化以及参与动机、目的不同而决定的。因此，应坚持小型多样、自愿参加的原则。个人与个人之间、组织和组织之间是平行的、平等的；相互之间开展的竞赛交流活动不以争胜负、输赢为主要目的，主要体现它的娱乐性和群众性的特点。社会体育结构合理与否，影响着社会体育的发展规模和速度。结构的合理性决定了结构的性质和功能。合理程度越高，社会体育系统的各有机部分就越能促使其组织化、有序化过程，越能更好地实现结构的整体性的最优目标。社会体育的结构是一个多角度、多层次的，反映不同时期对体育的认识和理解。因此，当我国加快体育的社会化进程时，研究社会体育结构的合理性，建立与社会主义市场经济相适应的组织网络化体系是十分有必要的。

2. 社会体育的结构具有它自身的特性

第一，表现为社会体育结构的整体性。因为社会体育是现代社会生活整体的组成部分，直接体现了体育的本质属性和发展方向。在社会体育中的各个组成部分是一个有机联系的整体，不同性别，年龄、职业的人群以及不同动机的参与者，都是社会体育活动的主体，缺少他们参与的社会体育是不完整的结构。同时，社会体育内部的联系以及与外界环境进行的物质、能量、信息交换的过程，也要通过社会体育的结构整体来实现。

第二，表现为社会体育结构的稳定性。现代社会体育结构由职工体育、中老年体育、妇女体育、幼儿体育、残疾人体育、家庭体育、民族体育、民间体育等构成。社会体育各个部分密切联系和相互制约，体现社会体育结构所具有的稳定性。但是，社会体育结构的稳定性相对于竞技体育和学校体育的结构而言则较为松散。社会体育作为一个开放性的系统，与内外环境都有着稳定的联系，并不断地与外部环境进行稳定的物质、能量和信息交换。

第三，表现为社会体育的动态性。社会体育结构的动态性是与结构的稳定性相对而言的；整体性是发展的、层次性是变动的。就是说，结构的动态性是绝对的、普遍的，因而是客观的。社会体育作为人类特有的社会现象，它所具有的结构不仅随着自身的运动而变化，而且随着人类的发展和社会的发展而变动。社会体育结构的动态性，使社会体育自身形成了过去、现在和未来的纵向发展序列，使社会体育的规模、速度、程度在不断变化和发展的过程中，呈现了纷繁复杂、多姿多彩的局面。

（二）社会体育组成要素

体育是人类社会发展到一定阶段才开始出现的一种较高层次的社会需要，也是人生命活动最基本的生存需要获得保证之后，方能产生的社会行为。因此，体育的发展同社会经济和文化发展有极为密切的关系，是由社会物质生产和精神生产发展的水平所决定的。构成社会体育的基本要素有人、财、物、时间、空间、信息等。

1. 管理要素

社会体育管理是指为了实现社会体育的系统目标而进行的确定目标、组织实施、评估效果等一系列综合活动。这种管理活动的综合性表现在对具体活动的组织、协调、监督、指导方面，有效地发挥上述六种要素的整体效益。如对信息的筛选和引导、对社群组织及活动的监督和协调、加强财与物合理使用的预算和审查等，抵制不健康思想的渗透，防止邪教组织、帮会团体泛滥，利用有限的财物和时间追求最佳效益。在我国，体育事业是在国家领导下，依靠社会团体、基层组织和个人的积极性，有组织、有计划地开展的。因此，有组织的领导、有意识的管理是十分有必要的。

2. 物的要素

体育不直接参与社会物质生产，它以对人提供劳务的方式体现自身存在的价值。然而，体育的存在却需要以一定的社会物质条件为基础。这一点体育与同样作为社会文化现象的艺术、宗教在自身存在的条件上有着很大的差别。很难想象人们在饥肠辘辘、食不果腹、衣不遮体、居无定所、失业危机的情况下能产生参加体育活动、寻求快慰的念头。

3. 人的要素

体育是在社会发展的进程中，在一定条件下产生出来的社会行为。社会活动产生的原因在于人的需要。人的需要是自然性需要同社会性需要的有机结合。在人类发展的低级层次时，自然性需要居于主要位置；而发展到较高层次时，社会性需要便居于主要位置。恩格斯把人的需要分为生存、享受和发展三个层次。

4. 财的要素

“财”即货币的简称，是市场产品及利益交换的凭证，其实质是物质财富占有的表现形式。因此，除上述“物的要素”提及的一系列物质产品需要“财”的支撑外，现在人们接受体育劳务所必须支付的费用也是“财”的主要表现形式。如接受体育健身指导的指导费，运动医生开具“运动处方”的诊治费，健身健美的培训费，参加单项体育俱乐部的会员费，场地器材的租赁费，陪玩、陪练的陪同费等。个人的消费行为以及“花钱买健康”的思想理念，已经逐步成为社会的共识。但是，应当指出体育的这种消费占国民经济生产总值的比例还十分有限。其原因是多方面的，既有消费能力问题，也有消费观念问题。

世界一些发达国家的体育产业已经成为支柱产业，我国体育市场还要有一个发展和培育的过程。为落实国家“十五”发展规划，体育总局明确提出“十五”工作把建立“体育服务体系”作为重点，探讨体育成为新的经济增长点的必要性和可行性。

5. 时间要素

通常，人们习惯用时间来度量生存活动的过程。按照昼夜的生存活动周期，可以把人一天的全部时间支出分为工作（学习）时间和业余时间。工作（学习）时间是为生产和扩大再生产社会生活的物质和精神条件所必需的那一部分时间。业余时间的组成比较复杂，它包括了与工作有关联（如上下班路途往返）的时间、满足生理需要（睡眠、吃饭）的时间、家务劳动时间和空暇时间。余暇时间，亦称自由时间。指在一昼夜的全部时间结构里划出一切必要时间后所剩余的那部分个人“可以自由支配的时间”，这种时间不能直接被生产劳动所吸收，而是用于娱乐和休息的。然而这部分时间在人类创造精神文明方面起着重要的作用。而余暇时间的长短和支配余暇时间的质量直接影响到人们的生活方式。我们在经历了每周 48 小时工作制向每周 40 小时工作制转化之后，已经深切地体会到余暇时间对体育生活方式的变化和体育生活质量的提高的重大影响。

6. 信息要素

构成社会体育要素的信息是一个较宽泛的概念，任何科普性的体育知识，推广性的经验交流、街头巷尾的热点话题、报道性的体育新闻都是信息的表现形式；管理意义上的信息是指为有目的、有意识地组织起来的，用以引导社会体育工作发展、扩大社会体育影响的宣传资料、政策文献等。

7. 空间要素

地理位置与自然环境是体育生存与发展的一个十分重要的条件。不同的地理位置和自然环境，孕育出不同的体育文化、不同的体育活动方式。“人定胜天”，只在有限的时空之内成立，大众化的群众性体育活动还要因时、因地、因条件、因自然环境而制宜。经纬度、地貌、地形、植被、海拔高度、土壤、气候、水域分布都是直接影响社会体育发展的客观条件。生活在条件各异的自然环境之中的不同人群，尽管能动地致力于改造着环境，但是就总的格局来看，社会体育仍时时受着自然条件的制约，由此产生不同内容、不同形式、不同规模、不同要求的体育活动，极大地丰富了人类文化。

二、社会体育的特点

社会体育有别于竞技体育、学校体育和军队体育，它是一种最为普遍的体育现象。具有以下几个特点。

（一）主动参与性

社会体育不同于竞技体育，它也属于工作或劳动，它是人们在工作学习、生产劳动、饮食睡眠、家务劳作等可以自由支配的时间里从事的一种活动。这种活动是主动、自愿参与的，不带有任何强制性；活动的内容和形式都是根据自身的兴趣爱好和实际情况自由选择的。正因为如此，《中华人民共和国体育法》规定“国家提倡公民参加社会体育活动”，而不是要求公民必须参加社会体育活动。

（二）娱乐身心性

娱乐身心是社会体育最本质的特点，也是社会体育区别于其他体育和文化活动的最显著特征。社会体育最基本的形式就是亿万群众参与的体育活动。让参与者自愿主动进行直接的身体运动过程，达到强身健体、愉悦身心、陶冶情操、交友合群的效果。社会体育的健身性与娱乐性是统一的，这是人的身心合一特点的反映。健全的精神寓于健全的身体，健全的身体孕育健全的精神。体育活动既作用于人的身体，也作用于人的精神。

（三）灵活多样性

社会体育具有灵活多样性，体育活动的内容丰富多彩，目前国外大众体育流行的主要项目有步行、健身操、保龄球、高尔夫球、交谊舞、攀岩、漂流、滑翔、冲浪、滑板、徒步穿越、高山滑雪、山地自行车等。另外，户外运动在许多西方国家非常流行，是热爱运动者的首选，它强调利用森林、山地、湖泊、水库、海滩等自然资源开展体育活动，让参与者在运动之余享受大自然的美，达到身心愉悦的效果。

（四）广泛参与性

社会体育的功能具有广泛性，可以满足人们不同层次的需要，因此，各年龄阶段的人不分性别、职业、兴趣爱好，都能参加社会体育，并在社会体育中找到适合自己的位置，实现自身价值。在我国社会体育受到国家政策的支持，广泛性得到了更大的提高。无论在哪种地方，只要有人群，就会有人的生存、享受、发展的需要，就需要社会体育去满足这些需要。

第四节　社会体育的地位与功能

一、社会体育的地位

社会体育作为一种社会现象，涉及面很广。社会体育和政治、文化、科学、教育、宣传、医疗卫生、城市建设、社会保险等领域和行业紧密相连，同时对于社会各阶层、各职业和不同年龄、性别的具体对象的切身利益等方面，因此，社会体育在大众化和社会化这两个方面地位非同一般。

（一）社会化的地位

随着体育的大众化的推进，体育的社会化进程也越来越快。过去往往是由国家、教育机构等一些部门来办体育，后来这种办体育的热潮推演到整个社会的各行各业，从而引导各种社会群众组织、社区、家庭等逐步开始了独立开展体育活动的进程。

由于学校体育和竞技体育的出现，体育逐渐开始分化，大众体育出现了，其目的是增进人们的健康、增强人们的体质。学校体育、竞技体育是现代文明的产物，其本质是以掌握体育的基本知识、技能以及创造优异的运动成绩为目的的体育活动。学校体育的教育作用是增强人的体育意识，并且使人有着正确的体育价值观念。而竞技体育促进了运动技术、技能的发展，能够激发更多的人去积极关注体育。由于竞技体育的胜负所产生的特殊作用和社会影响，竞技体育往往会被不同的政治集团加以利用，但从客观角度来看仍旧积极推进了体育的发展。

由此可见，学校体育、竞技体育、社会体育之间环环相扣，形成了一个有机的整体。社会体育是学校体育、竞技体育强大的基础，没有全社会成员对于社会体育的广泛参加，学校体育和竞技体育的发展将会举步维艰。

竞技体育往往能够在某个时期吸引大量人群的注意力，但就时间长短而言，这种影响往往是短暂的、阶段性的，从人口动员的角度来看，动员的人口是少数的、有限制的，从实际作用的角度来看它仅仅起到了单方面的作用。而社会体育不仅参与人数众多，耗用社会总时间长，而且在人类的整个生活中，也有着最大的容量，因此社会体育是吸引力最强、涉及范围极广的一项社会活动。

（二）大众化的地位

大众化就是把只被社会上少数人所能参与的活动逐步扩展到社会各个阶层，使之成为多数人日常能够参与的活动的普及过程。

从历史发展的过程来看，体育是从统治阶级的特权文化发展当中而形成的。体育真正的大众化进程是从工业革命时期开始的，也就是说，这个过程是一个近代资产阶级扩大到无产阶级大众的大众化进程。进入 20 世纪以后，国际上体育的大众化的发展又有了新的趋势，那就是很多国家都以参加国际竞技体育活动为平台来推动体育的振兴。这种模式就是以少数有才能的体育精英作为开拓者，同时以竞技体育为主导，从而有效推进体育的大众化进程，奥运会的诞生就是源于这样的一个历史背景。二战结束后，随着国际政治、经济的发展，人们更加意识到了发展体育的必要性，这更成为了体育大众化的一个推进器。

二、社会体育的功能

体育的功能取决于体育本身的特点和社会的需要，主要体现在两个方面：促进社会的物质文明建设和精神文明建设。体育属于人类的文化范畴，它本身就是精神文明发展的组成部分，在体育产生的初期及以后的一个相当长的时期中，人们更多地注重和强调了体育对增强人的体质的生物学作用，随着现代社会的发展，体育在精神方面、文化方面的价值在实践中越来越明显地表现出来，并被人们所认识。

（一）社会感情功能

现代社会，生活节奏快、工作压力大，脑力劳动多、体力劳动少，生活与工作的环境公式化，容易使人们的心理浮躁，感情空虚。这是因为现代高科技生产缺少人与人间的互动和交往，忽略人们情感的交流；单调的工作使人感到寂寞、无聊，情绪不佳；而现代生活方式使家庭规模缩小，亲属间情感疏远，给人们带来许多情感困惑。这些是科技现代化随之而来的社会问题。体育运动是一种极富感情色彩的高尚活动。它是人们高级情感的产物，又是人类高级情感的发生器，它丰富着人类的情感宝库。在体育运动中，人们追求积极向上的荣誉感和相互交往的亲和感，并用“费厄泼赖”精神维系着伦理道德。因此可以说，体育活动能调节人的心理平衡、稳定情绪、抑制紧张、增强自信心、增加人的感情交流，承担着充实现代人高级情绪的功能。

体育运动的社会感情功能是其他社会活动所不可比拟的。奥运会、世界杯足球赛等，吸引众多人关注。相比之下其他任何文学、艺术、娱乐形式，任何世界名著、名曲、名剧，都不可能在同一时间获得如此众多的拥戴者。加上体育运动独具一格的活动性特点，可以使人们在身体活动的体验中，对自己的健康、生活和未来充满信心，从而使整个民族朝气蓬勃、生机盎然。在调节社会心理平衡方面，体育运动堪称是卓有成效的重要手段。

（二）健身功能

体育的健身功能是通过经常性的、科学合理的身体锻炼的效果表现出来的。它要求人直接参与有意识、有目的的，旨在增进健康的身体活动，这是体育本质的特点和功能。具体表现在以下几个方面。

1. 使人朝气蓬勃，充满活力

从事体育运动可以使人心情舒畅、精神愉快，调节人们的紧张情绪和不良心理状态，如消除意志的消沉、情绪的沮丧，并对抑郁有较好的治疗效果。有紧张烦躁情绪的人，只要散步15分钟左右，就会使紧张的情绪松弛下来。

2. 刺激中枢神经系统，使人头脑清醒、思维敏捷

体育锻炼，特别是经常到大自然和新鲜空气的环境中去活动，有益于改善大脑的血液循环。因为体育运动能使人体内的胰岛素保持在正常水平，从而促进肝糖元储备，当大脑需要时分解释放进入血液循环系统，维持大脑长时间的正常工作。同时，还可以促使大脑皮层的兴奋性增强、抑制加深，兴奋和抑制更加集中；使神经过程的均衡性和灵活性加强，对体内外刺激的反应更加迅速、准确；提高大脑皮层的工作能力，改善中枢神经对各器官的调节，提高整个有机体的机能水平。

3. 提高人体的适应能力

体育运动除增强人的体质、提高免疫力，以及增强适应能力外，还能使人适应非正常体态的状况，如倒立、滚翻、悬空等，即目前逐步流行的“逆向运动”，从而提高人的生活适应能力。

4. 促进有机体的生长发育，提高运动能力

体育运动能刺激骺软骨的增生，从而促进骨的生长；可以改善血液供应情况，增加肌肉内的营养物质，特别是蛋白质的含量，使肌纤维变粗，提高力量素质。

5. 防病治病，延缓衰老，益寿延年

体育运动之所以能防病治病、推迟衰老，除了它能增强体质，提高有机体自身的抵抗力外，近年来的科学研究证明体育运动可以提高免疫力。由于体育运动的影响，可使白血球数量增加，使它们的活性增强，而白血球可以吞噬病菌，增强机体的免疫功能。苏州医学院第一附属医院通过实验和研究证明，体育运动对老年人的体液免疫和细胞免疫机能都有一定的影响。它能提高老年人的免疫机能，使免疫机能保持在正常人水平，因而可以防止疾病、延缓衰老、益寿延年。

（三）促进个体社会化功能

个体社会化是指由生物的人转化为社会的人。体育对人的社会化作用主要表现在以下几个方面。

1. 遵守社会规范，发展人际关系

人与人间的互动是体育的基本特征。在体育活动中，特别是在对抗的

竞赛中，个人之间、集体之间频繁地发生思想斗争和行动对抗，会不时地出现参加者的思想意识、行为品格的不同表现，如长跑中出现“极点”时，是坚持下去还是半途而废；对方侵人犯规时，是大度置之，还是“以牙还牙”；集体配合缺乏默契而至比赛失利时，是相互鼓励还是互相抱怨；比赛胜利时是谦虚谨慎，还是骄傲自大，对这些情况不同的人会作出不同的反应。

2. 享受体育文化，坚持终生锻炼

在现代生活中，通过传授体育科学知识，使人们享受人类所共同创造的体育文化财富和科学健康的生活方式，可以培养他们对体育活动的爱好、养成终生坚持体育锻炼的习惯。

3. 参与各种活动，掌握基本技能

儿童的教育主要是在各种活动中完成。儿童在游戏和玩耍过程中可以学会走、跑、跳、投、攀登、爬越、搬运等最基本的活动技能，从而提高他们的基本活动能力。同时，儿童在游戏中通过“假装”和“拟成人”的各种活动，模仿各种社会角色的动作和行为，学会适应社会生活。

（四）娱乐功能

现在人们的余暇时间增多了，如何善度余暇成了一个社会性问题。科学文明、丰富多彩、健康积极的余暇生活不仅可以使人们在繁忙的劳动之后获得积极性休息，而且还可以陶冶情操、愉快身心、培养高尚的生活情趣，加强人格道德修养。

人们通过参加体育运动，特别是参加那些自己喜爱和擅长的运动项目，会在身体完成各种复杂练习的过程中，产生一种成就感；在与同伴的默契配合中、在与对手的斗智过程中，产生交往、合作的满足感；在征服自然障碍的过程中产生的快感升华为自尊心、自信心、自豪感。同时，由于各种运动项目的不同特点，能使人在实践中获得各种不同的情感体验。如垂钓可使人悠然自得，乐在其中；跑步能使人有条不紊，勇往直前；打球使人机智灵活，豁达合群；旅游则可以饱览名山大川，赏心悦目，心旷神怡。

第五节　我国社会体育的目的与任务

我国社会体育的目的与任务是指全国范围内指导社会体育事业的总目的、总任务。它对我国的社会体育工作具有普遍的指导作用。

一、确定我国社会体育目的与任务的依据

（一）人的需要

我国是一个社会主义国家，最大限度地满足人们的物质和精神生活的需要，是社会主义的根本目的。社会体育是一种人民群众亲自参与，又有助于大众健康的伟大事业，因此必须充分满足每个社会成员生存、享受和发展的各种需要。为人民服务不仅是社会体育的出发点，也是社会体育的归宿。因此在确定社会体育的目的与任务是必须真正体现“以人为本”的思想。社会中每个成员都需要社会体育，但个体需要往往是因人而异的，个体对社会体育需要的不同选择也可称之为个人对社会体育的价值取向。有人以发展身体、培养人格为主要的价值取向；有人以扩大交往、增进友谊为主要的价值取向；还有些人则以休闲娱乐为主要价值取向。

随着社会的发展，人们的需要是不断变化的，对社会体育的需要也在不断变化。在解决温饱时代人们对社会体育的需要是低层次的，进入小康社会后人们对社会体育的需要就大大提高了，进入全面的和平衡的小康社会，人们对社会体育的需求会进一步提高。社会体育的目的、任务也因此随之发生变化。

（二）社会体育健身的功能

确定社会体育的目的与任务，除了人和社会的需要，还取决于社会体育的功能，也就是社会体育本身能做什么事情。我们不能强加给社会体育做不到的事情，也不能对社会体育的作用视而不见。社会体育的功能和作用是多方面的，但也是有主有次的。社会体育用以增强人民体质、提高社会健康水平是本质的功能，文化娱乐是从属的功能，政治教化是附加的功能。

人们对社会体育的需要，与社会对社会体育的需要从本质上讲是一致的。社会的需要是人的需要的总和，集中地反映了不同人群的需要。但是这两种需要也不完全等同，有些社会需要集中了国家的意志，要完成个人和小集体无法做到的事情。因此社会体育的目的既不能忽视个人需要，也

必须承认社会需要的重要性。

（三）社会的需要

1. 应对突发危急事件的需要

各种自然灾害，如地震、水涝洪灾、泥石流、森林大火等时时可能发生，各种流行性疾病，如流行性感冒、非典型肺炎、肝炎等也随时可能突发，加上由于城市人口密集，各种交通事故、失火、坍塌、毒气中毒等事件经常发生，因此人们必须具备应对各种突发危急事件的身体和心理准备，这也有赖于社会体育的各项工作。

2. 经济建设的需要

当前，我国正处在社会主义建设时期，社会需要大量合格的劳动者，一个合格的劳动者除了要有高度的思想觉悟、掌握专业知识外，还需要通过体育运动来塑造强健的体魄，以便为社会创造更多的财富。

3. 国防建设的需要

中国的现代化建设是在一个极其复杂的国际环境中进行的，国际上的霸权主义、单边主义时时刻刻都对我们构成威胁，我们必须建设一支强大的国防力量，社会体育对我国的兵源建设、后备军事力量的建设有不可替代的作用。

4. 社会发展的需要

社会体育所具有的基本健身功能，可以维护大众健康，减少疾病，延长人口的平均预期寿命；社会体育所具有的文化娱乐功能，可以丰富社会文化生活，建设企事业文化，促进社会精神文明建设；社会体育作为一项群体性的活动，可以增强社会的凝聚力，起到稳定社会的政治作用。

二、我国社会体育的目的

现阶段我国社会体育的目的主要是：增进全体社会成员的身心健康，增强体质，满足人们的娱乐需要和自我成就需求，促进个体的全面发展，为建设社会主义物质文明与精神文明服务。

增进身心健康、增强体质，反映了社会体育的本质属性与效能，它包含了一系列具体的指标体系，可以把它们作为衡量社会体育工作成效的具体标准。这些指标体系有利于社会体育目标管理，也有利于指导社会体育实践活动。满足娱乐需要和自我成就需求，促进个体全面发展，是指人们为了满足自身享受和发展的需要，进行各种直接以身体作为改造对象的体育实践时，不断完善自己，获得和享受自身的自由全面发展。

建设物质文明和精神文明包括了两个层次：第一个层次是社会体育参加者自身的物质（身体）与精神（心理）文明建设；第二个层次是指社会体育要为整个社会的物质文明与精神文明建设服务。社会体育既是个体物质文明和精神文明的组成部分，又是促进社会物质文明和精神文明的手段，为整个社会的物质文明和精神文明服务，是我国政治经济制度在社会体育目的方面的反映，它指明了我国社会体育的性质，为我国社会体育事业的发展确定了基本方向。

三、我国社会体育的任务

我国社会体育的目的提出了社会体育的总目标，社会体育的任务则使这个目标具体化和具有可操作性。目的要通过任务的完成来实现。因此，在现阶段要通过下列任务来实现我国社会体育的目的。

（一）扩大社会体育交流，丰富社会文化生活，推动整个社会的精神文明建设

随着我国人民物质生活水平的提高，人们在紧张劳动之余要求有丰富的文化生活，这包括人们运用各种体育手段、方法来锻炼身体；组织或参加各种竞赛和游戏；观赏各种表演或竞赛。这些丰富多彩的体育活动是文化生活的重要内容。社会体育活动的参加者不仅自身可以达到增强体质、消除疲劳、愉悦身心、陶冶情操、丰富生活的目的，而且对整个社会来说，还起到了扩大社会交流、密切人际关系、促进团体协作、建立良好社会风尚的作用。因此，通过社会体育活动丰富社会文化生活，不仅能够提高参加者的自身素质，而且也有利于整个社会的精神文明建设。

（二）增进社会成员身心健康，增强体质，提高全民族的身体素质

增进社会成员身心健康，增强体质，提高全民族的身体素质，是我国社会体育的根本任务。增进健康、增强体质、提高民族身体素质与诸多因素有关。如改善营养状况、养成良好的生活习惯、改变生态环境、发展医疗技术等。但增强体质最积极、最有效、最活跃、最廉价的手段是体育锻炼。通过推行全民健身计划，开展不同类型的社会体育活动，广泛引进现代科技以促进社会体育手段的科学化，加强国民体质监测，完善国民体质

监测系统等具体工作的落实，能有效地使全民族身体素质逐步得到提高。

（三）将社会体育纳入社会主义市场经济体系，扩大社会体育资源

我国开展社会体育的各种资源还严重不足，与城乡居民的需求相差很大。为了尽快解决发展社会体育的人、财、物方面的问题，必须建立起与市场经济体制相适应的社会体育体制和良性循环的运行机制。体育产业化是改变社会体育完全依赖国家拨款的有益尝试。发展社会体育产业的前提条件是培育好社会体育的可持续市场，在这个市场中正确处理好“公益性与营利性”的服务供给。以公益性为主，营利性为辅，应是社会体育产业市场创业初始的原则。目前，我国社会体育产业正值这样一个初始阶段，社会体育市场重点应以积极兴建适宜、方便群众参与的多样、小型的公益性锻炼场所为主。在此基础上，不同场所可寻找有利于群众参与的经营方式和渠道，以提高现有体育场地设施的社会利用率。形成“花钱买健康”的良性运行方式，吸引群众参与到体育消费市场中来，逐步健全并最终实现社会体育产业市场的运行机制。

（四）实行社会体育管理体制改革，完善社会体育法规体系

改革政府体育管理机构，逐步将我国社会体育原有的政府管理型体制向结合型体制转变。体育行政部门要从“办体育”向“管体育”转变、发挥领导、协调、监督和服务的作用，弱化微观管理职能，加强宏观管理。加速社会体育社会化管理，发挥社会团体、群众组织的作用，加强社会体育组织机构的规范化、制度化建设。同时必须坚决贯彻执行《体育法》《全民健身计划纲要》《社会体育指导员技术等级制度》等体育法规、制度，强化体育监督机制，实现以法治体。

四、实现我国社会体育目的与任务的基本要求

1949 年以来，尤其是 20 世纪 90 年代以来，我国社会体育事业迅速发展，积累了较为丰富的经验，并初步总结了发展具有中国特色的社会体育的基本经验和要求，这些经验和要求是进一步实现我国社会体育目的与任务的保障。

（一）抓好社会体育的基本建设

抓好硬件、软件建设是发展社会体育的一项立足当前、着眼未来的基础工程，是优化社会体育工作的重要条件。

硬件是指体育场、馆、游泳池等各种体育设施的建设，这是衡量一个国家或地区社会体育发展水平的标志。随着我国经济发展和体育改革的深化，开展社会体育所需要的体育场地设施在逐年增加。

软件建设是指建立、健全和完善社会体育的各种法规制度。在多年社会体育工作的基础上，我国已建立了一系列有关社会体育的法规制度。今后，还要有计划、有步骤、有针对性地建立和健全社会体育的法规制度，依法保障社会体育事业的发展，以法作为检验社会体育工作的依据。

（二）做到协调发展

1. 与高水平竞技体育发展相协调

坚持普及与提高相结合，促进体育事业的全面发展。以青少年为重点，以全民健身为基本内容的社会体育，要与以奥运会为最高层次，以训练、竞赛为主要内容的竞技体育协调发展。

2. 与文化发展相协调

社会体育除了具有增进人的身心健康、增强体质这个最基本的功能外，还具有其他功能，如政治功能、经济功能、文化功能、娱乐功能等。体育属于大文化范畴，社会大文化的发展，可以带动社会体育的发展，而社会体育所具有的诸多功能，又可以丰富大文化的内涵，促进大文化的发展。

3. 与经济发展相协调

社会体育事业的发展规模和速度，取决于生产力的发展水平。根据生产力发展水平来开展社会体育，并不是消极地适应，而是积极地服务。在一定条体下，社会体育开展得好，可以提高劳动者的身体素质，有利于提高劳动生产率。起到促进和推动生产力发展的积极作用。因此说，社会体育既能服务于经济的发展，又能促进经济的发展。

五、实现我国社会体育的目的与任务的基本途径

为了实现我国社会体育的目的与任务，必须做好不同类型的社会体育工作。这些社会体育工作均是实现社会体育目的与任务的途径。

（一）实现社会体育目的与任务的体育途径

1. 强身健体的体育途径

强身健体的途径统称身体锻炼，包括现代体育的方法和中国传统的健身养生方法。对于正常人的包括有氧运动、竞技运动、形体训练与健美运动等，以及武术、太极运动和各种功法。对于病患者的包括医疗体育、矫治体育和康复体育等。

2. 休闲娱乐的体育途径

休闲娱乐的途径，包括休闲体育、身体娱乐、社交体育、自然体育、极限运动等。

（二）实现社会体育目的与任务的管理途径

1. 社会体育的管理群体

我国目前社会体育的主要管理对象是职业人群体育、老年人体育、妇女体育、残疾人体育等。

2. 社会体育的管理形态

我国目前社会体育的管理形态是职工体育、城市社区体育、农村体育、俱乐部体育、家庭体育等。

第二章　社会体育活动的内容与方法

社会体育活动的内容与方法，主要分为保健体育和休闲体育两大类。保健体育是指人们通过对体育手段和自然力、卫生因素的配合运用来调节人的身心状态，提高社会适应性，同时增强体质，增进健康的社会实践活动，主要有体育健身、体育养生和医疗体育三类。休闲体育是休闲活动的重要组成部分，是一种利用闲暇时间，为恢复和增进健康、丰富和创造生活、完善自我而进行的体育活动。休闲体育对增进身心健康、丰富文化生活、改善人际关系具有重要作用。

第一节　保健体育

保健体育的科学原理及生理学、心理学、运动学基础，主要反映体育锻炼过程中人体的生命现象和生命活动规律，主要表现在机体的生理健康、心理健康和运动素质等方面。根据不同人的不同体质，保健体育的方法、作用也不相同，其最终目的就是要人们能保持神志安宁、心情舒畅、身体健康。

一、保健体育的运动学基础

（一）保健体育对运动系统的影响

人体运动能力的发生是受运动系统影响的，其中人体的运动系统主要包括肌肉与骨骼。人们在参加保健体育运动时，其基本活动和锻炼都是通过运动系统完成的，而适当的保健体育运动则使人体的运动系统得到改善和加强，从而提高自身的运动能力。

1. 对肌肉的影响

通过保健体育运动，肌纤维内蛋白质合成增强，肌纤维变粗，肌肉营养性肥大。研究表明，肌原纤维数量增加会促使肌肉发生营养性肥大，使肌纤维变粗而引起肌肉肥大。肌肉产生营养性肥大，主要与肌纤维内蛋白质含量、肌浆中肌糖原、磷酸肌酸、三磷酸腺苷等能源物质的含量增多有关，此外肌肉中的胶原纤维含量也明显增多。

2. 对骨和关节的影响

研究证明，高强度的负荷运动可使骨皮质加厚、骨骼增粗、骨小梁排列密集，这些都会增强骨的强度和坚固性。经常参加保健体育运动的人，即使因外伤骨折，愈合速度也比常人快。但其中也存在着一定的局限性，即保健体育对骨的影响只对于参与活动的肢体表现效果明显。由此可以看出，必须进行全面的身体锻炼，才能健全身骨组织的结构与功能。

保健体育运动的影响还与年龄有关，在生长发育期经常进行保健体育运动，能够促使骨骼的生长发育，如经常进行跑、跳、球类及体操等项目运动，能促进胸廓和长骨的发育，主要表现在胸围的增大和身高的增高。

韧带的相连可以加固骨与骨之间的关节，肌腱附着于骨上。由于韧带和肌腱是通过互相协作来发挥作用的，因此锻炼对其影响也相似。保健体育运动能使关节软骨增厚，结缔组织增加，耐压缩性增强，从而增加肌腱和韧带以及它们在骨上附着点的强度，加强承受的拉力。

3. 对运动技能的影响

保健体育运动水平的提高一般是由快到慢进行的，这是因为初步学习运动技术时，对过去掌握的相似动作及经验，具有迁移作用，有利于快速的掌握新技术。技术的初期掌握是简单、粗糙的，一般对身体素质要求不高。后期阶段，随着技术水平的逐渐提高，对运动条件反射的精确性的要求越来越高，初期与后期的练习程度有明显的差异，这就相当于需要重新建立新的运动条件反射，而且要求技术要精而准确，对身体的素质要求也越来越高。因此，锻炼者的练习水平的提高速度就会逐渐减慢。

（二）形成运动技能的过程及其发展

运动技能的形成是从简到繁的，并且有其建立、形成、巩固和发展的阶段性变化和生理规律，只是阶段时间的长短和过程的复杂程度有所不同。通常情况下，可进行三个阶段进行分析，即泛化阶段、分化阶段、巩固自动化阶段。运动技能形成后，其发展速度和水平就会不断的提高，达到动作自动化。

1. 泛化阶段

最初的动作完成，一般都是靠教师的讲解或示范完成的，待到自我初步掌握后，会获得一个新的感性认识，但是并不深于了解运动的技能的内在规律。由于人体对外界的刺激，通过感受器（特别是本体感觉）传到大脑皮质，大脑皮质的细胞产生兴奋；另外，因为皮质内抑制尚未确立，所以大脑皮质中的兴奋与抑制都呈现扩散状态，出现不稳定的联系状态，出现泛化现象。

这个阶段主要表现为肌肉的外表动作僵硬，不协调，不该收缩的肌肉收缩，多余动作频繁出现，而且做动作很费力。产生这些现象，主要是因为大脑皮质细胞兴奋扩散的结果。在此阶段，教师应以正确的动作示范来使学生正确掌握动作，抓住动作的主要环节和锻炼者掌握动作中存在的主要问题进行教学，其动作细节不必过多强调。

2．分化阶段

运动技能的初步掌握后，对于运动技能的内在规律，初学者也有了一定的理解，不协调、多余的动作逐渐缓解。此时，大脑皮质运动中枢兴奋和抑制过程逐渐集中，由于抑制过程加强，特别是分化抑制得到发展。大脑皮质的活动由泛化阶段进入了分化阶段，因此练习过程中的大部分错误动作得到纠正，能够连贯、协调的运动技术动作。

这一阶段，主要是初步对动力定型进行建立。并没有达到巩固的状态，如果出现新的刺激，错误动作和多余动作可能重新出现。在这个阶段，教师要特别注意动作的纠正，让锻炼者在巩固动力定型之前，正确掌握技术动作。

3．巩固阶段

运动技能是通过反复的练习，才能达到巩固阶段，运动条件反射系统已经巩固，大脑皮质的兴奋和抑制在时间和空间上更加集中和精确。此时，不仅动作准确、优美，而且某些环节还可以下意识做出动作，叫作动作自动化。在出现环境变化时，动作技术也不会破坏，同时由于各器官、组织的活动与动作配合得协调，完成练习时也会感到轻松自如。

综上所述，运动技能形成的三个阶段是相互联系的，并没有明确的界限来区分每个阶段。运动水平高的锻炼者在学习掌握新动作时泛化过程很短，对动作的精细分化能力很强，形成运动技能快。相比之下，初学者在新动作的学习时，泛化过程较长，分化能力较差，掌握动作较慢。动作越复杂，泛化过程就越明显，分化的难度也就越大，形成运动技能所需要的时间就越长。

4. 动作自动化发展

在完成上述阶段后，就会产生动作的自动化发展。当对一定动作进行练习时，可以在无意识的条件下完成的一种行为，就是自动化现象。自动化现象也有其自身的特点，就是对整个动作或者是对动作的某些环节，暂时变为无意识的，如走路是人类自动化的动作，在走路时可以交谈、观察，并不用有意识的关注如何迈步，如何维持身体平衡，又如对篮球技术掌握熟练后，平时运动的运球等动作往往也是自动化的动作。

运动技能熟练、巩固后，第一、第二信号系统之间的联系，已经成为运动动力定型的统一机能体系。第一信号系统的兴奋可以选择性地扩散到第二信号系统，所以锻炼者能够准确的意识到自身完成的动作，并能够进行语言表达。

当动作出现自动化现象时，第一信号系统的活动已经从第二信号系统的影响下相对地“解放出来”。自动化动作完成时，第一信号系统的兴奋不向第二信号系统传递，或者只是不完全地传递，这时动作就表现为无意识的，或是意识不完全。动作自动化的程度很大程度上决定了运动水平的提高，但是不应认为动作达到自动化后质量就得到保证。

这种情况下，虽然动力定型已经非常巩固，但由于进行动作自动化时，第一信号系统的活动经常不能传递到第二信号系统中去，因此，不能出现细微的动作错误，如果出现，很可能一时不能觉察，等到觉察的时候，可能变形的动作已因多次重复而巩固下来。因此，在动作自动化的发展中，要时刻纠正、检查自身动作的正确性。

（三）运动技能的生理本质

1. 形成运动条件反射与运动技能

（1）运动的反射本质

相关研究证明，感觉是一切运动的开始，其次是心理活动的产生，最后表达到肌肉，并形成一种反射效应。还有其他不同的看法，认为随意运动的生理机理是暂时性神经联系，并用狗进行试验，建立食物到运动条件反射。这一研究证明，大脑皮层动觉细胞可与皮质所有其他中枢建立暂时性神经联系，包括内、外刺激引起皮质细胞兴奋的代表区在内。运动的生理机理是以大脑皮质活动为基础的暂时性神经联系。所以，在掌握运动技能的同时，其生理本质就是建立运动条件反射的过程。

（2）运动条件反射形成的生理机理假说

很多简单的非条件反射综合起来构成了运动条件反射。大脑各器官发育逐渐成熟，在这些非条件反射的基础上，通过听觉、触觉、视觉和本体感觉与条件刺激物多次结合，形成了简单的运动条件反射。人形成运动技能就是形成连锁的、复杂的、本体感受性的运动条件反射。运动技能与一般运动条件反射并不相同，运动技能区别在于其连锁性、复杂性和本体感受性：①连锁性，运动技能的反射活动是连续的，前一个动作的结束便是后一动作的开始。②复杂性，运动技能是有多个中枢参与形成运动条件反射活动（视觉中枢、运动中枢、听觉中枢、皮肤感觉中枢和内脏活动中枢）。③本体感受性，在条件反射过程中，肌肉的本体感受性冲动（传入冲动）起到重要作用，没有这种本体感受性冲动，就不能强化条件刺激，同时由运动中枢发放神经冲动传至肌肉效应器官引起活动的复杂过程条件反射就不能形成，也就无法掌握运动技能。因此，运动技能就是建立连锁的、复杂的、本体感受性的运动条件反射。

2. 运动技能的信息传递与处理

运动技能的信息处理，是指人对外界环境刺激到发生反应的过程。人在这个构成中就是信息处理器，人对外界环境的刺激到发生反应的过程就是信息处理的过程。这一过程对运动技能的学习非常重要。形成和再现运动技能的信息源（刺激）的来源分别来自体内和体外。

（1）体内信息来源来自大脑皮质一般解释区。大脑的一般解释区由躯体感觉、视觉、听觉和体感觉联合区组成。一般解释区位置在颞叶后上方，角回的前方。一般解释区是视觉、动觉、听觉的汇合区，它们本身有其自己感觉体验和分析能力，信号是由这里转移到脑的运动部位以控制具体的运动。

（2）保健体育运动的学习过程是体外信息源，当教师发出信息（包括信息的强度、形式、数量等）传输给锻炼者时（传输手段包括示范、讲解、录像等），锻炼者通过感觉器官，经大脑皮质分析综合形成初步的概念。

二、保健体育的生理学基础

（一）保健体育与能量代谢

体内能量与外界环境能量交换和转移的过程，称为能量代谢。其中，物质代谢过程和能量代谢过程，两者紧密相连，能量的代谢可以使脂肪、糖、蛋白质等能量物质中所含有的化学能量释放，供保健体育运动利用。

1. 有氧代谢供能

（1）有氧代谢的供能系统

机体在有氧的条件下进行保健体育运动，称为有氧代谢，其中糖、脂肪、蛋白质会被彻底氧化成水和二氧化碳。

（2）有氧代谢系统对机体系统的影响

有氧代谢供能的效果受到氧从空气到肌肉的过程中，所经过的每一个系统的影响有以下几个方面。

①对血液系统的影响。血红蛋白负责运输氧。血红蛋白的数量对有氧耐力的影响非常大。如果血红蛋白的含量低于正常人，必然会影响锻炼者的有氧耐力。因此，在运动过程中要及时了解血红蛋白的含量，要求进行定期的测量，能及时发现、解决问题，做到防微杜渐。

②对循环系统的影响。心脏泵血功能影响保健体育运动的效果，科学证明，在运动的初期有氧氧化能力的增加主要依赖于心输出量的增加。

③对呼吸系统的影响。肺通气量越大，吸入体内的氧量也就越多，这与呼吸频率和呼吸深度有关。由于解剖无效腔的存在，在保健体育运动过程中主要以加大呼吸深度来消除解剖无效腔的影响，提高储氧量的效率。

2. 磷酸原供能

（1）磷酸原功能系统

高能磷酸键在 ATP、磷酸肌酸分子内均有一定的含量，在代谢过程中都可通过转移磷酸基团的过程释放能量，所以将 ATP、磷酸肌酸合称磷酸原。通常所说的磷酸原供能系统，也就是由 ATP、磷酸肌酸分解反应组成的供能系统。

肌肉收缩时，只有 ATP 这一直接能源能将化学能转变为机械能，在进行保健体育运动时，ATP 转换率会加快，且与练习强度成正比。练习强度越大，ATP 转换率越快，机体对骨骼肌磷酸原供能的依赖性越大。但是 ATP 在肌肉中的贮存量并不决定 ATP 主要作用的发挥，其迅速合成过程的顺畅与否，最终决定发挥作用的大小。

磷酸肌酸是另外一种高能磷化物，它贮存在肌细胞中与 ATP 密切相关，分解时能释放出能量。当大强度肌肉收缩时，随着 ATP 的迅速分解，磷酸肌酸随之迅速分解释放能量。安静状态下，高能磷化物以磷酸肌酸的形式积累，故肌细胞中磷酸肌酸的含量约为 ATP 的 3 ~ 5 倍。但是，磷酸肌酸含量也是有限的，运动时间的延长，就需要其他能源供应 ATP 再合成，才能使肌肉活动持续下去。

磷酸肌酸供能对 ATP 再合成有着重要的意义，这种意义主要表现在快速可动用性上，既不需氧，又不产生乳酸。但是因为分子过大，人体不能够吸收，磷酸肌酸和 ATP 不能直接用作营养补充。前面提到过的肌酸能被人体直接吸收，肌酸吸收进入肌细胞后能合成磷酸肌酸，进而为合成 ATP 所用。

磷酸原供能系统中，ATP、磷酸肌酸均以水解分子内高能磷酸基团的方式供能。因此，在保健体育运动的初期和开始阶段，机体会在不需要氧气的情况下，最早、最快的利用磷酸原供能系统。

（2）强度不同保健体育运动下的磷酸原变化

①当以 75% 最大摄氧量强度持续运动时达到疲劳时，磷酸肌酸储量可降到安静值的 20% 左右，ATP 储量则略低于安静值。

②当以低于 60% 最大摄氧量强度运动时，磷酸肌酸储量几乎不下降。这时，ATP 合成途径主要靠糖、脂肪的有氧代谢提供。

③当极量运动至力竭时，磷酸肌酸储量基本耗尽，达安静值的 3% 以下，而 ATP 储量不会低于安静值的 60%。

（3）保健体育对磷酸原系统的影响

保健体育可以明显提高 ATP 酶、肌酸激酶的活性，从而提高肌肉最大功率输出和 ATP 的转换速率，有利于速度素质的提高和恢复期磷酸肌酸的重新合成；使骨骼肌磷酸肌酸储量明显增多，从而提高磷酸原供能时间。

3. 保健体育对能量代谢的影响

从以上的功能系统，我们可以看出，系统的保健体育运动可以提高人体的供能能力，主要表现在，完成同样的动作，需氧量减少，能量消耗量也减少。也就是说，在完成同样的运动负荷时，经过长时间保健体育运动的人，消耗的能量较少。

通过系统的保健体育运动，身体呼吸系统、循环系统的机能水平都有一定的提高。对工作效率也有一定的提高，减少消耗在供能器官本身上的能量，节省下来的能量可以更好地发挥在强度的保证和难度动作的开发上。

4. 糖酵解供能

糖酵解（也称无氧代谢）是指糖原或葡萄糖无氧分解生成乳酸，并合成 ATP 的过程。它是在机体进行大强度剧烈运动时，糖酵解供能是主要的能量系统。糖酵解的过程主要在细胞质中，并不需要氧的加入。在缺氧条件下，丙酮酸在乳酸脱氢酶的催化下接受磷酸丙糖脱下的氢，被还原为乳酸。机体内部糖酵解分为两个基本阶段：第一，糖从葡萄糖生成2个磷酸丙糖；第二，磷酸丙糖转化为丙酮酸，生成ATP。在有氧的条件下，丙酮酸可进一步氧化分解生成二氧化碳和水。在保健体育运动开始阶段，ATP会在ATP酶催化下迅速水解，释放能量。当机体中ATP的浓度下降时，磷酸肌酸就会立刻分解释放出能量，合成新的ATP。肌肉利用磷酸肌酸的同时，糖酵解过程被激活，肌糖原迅速分解，提供保健体育运动所需要的能量。在供氧充足的条件下，无氧酵解所产生的乳酸，一部分在线粒体中被氧化生能，一部分被合成为肝糖元等。乳酸是一种强酸，如体内聚集过度，会造成酸碱失衡，造成肌肉酸痛，影响工作、学习能力，同时也是一种运动性疲劳。

（二）保健体育与物质代谢

保健体育运动中，人是运动的主体。人体不能直接利用自然界中的能量，也不能利用外部供给的电能、机械能等能量，人体唯一能够直接利用的是摄入人体内的糖、脂肪、无机盐、水和蛋白质。人体物质代谢的基本特征就是生命活动。物质代谢是合成代谢和分解代谢两个相互联系的过程。

1. 水盐代谢

（1）保健体育与水代谢

水也是人体细胞和体液的重要组成部分，约占体重的60%～70%。人体的许多生理活动的进行都离不开水。它可以将氧气和各种营养素直接或间接地传递给人体各组织器官，并将新陈代谢的废物和有害有毒的物质，通过大小便、出汗、呼吸等途径即时排出体外。水的比热高，温度不易改变，所以当机体进行保健体育运动时，体内产生过多的热量，水通过蒸发出汗消耗大量的热，以保证体温的稳定变化。

（2）保健体育与无机盐代谢

人体内各器官、系统和组织中，除以有机化合物形式出现的元素外，其余各种元素统称为无机盐（也称矿物质）。在青少年期间，对无机盐的需求会大大增加。人们参与保健体育运动，由于新陈代谢加快，人体最需要两大类无机盐：一类是需要较大量的无机盐，如钠、钾，钙、磷、镁、硫和各种氯化物，它们有利于调节体内营养物质的代谢、调控体液的交换速率、保持人体内环境的平衡等；另一类是需要量较少的微量无机盐，如氟、碘、锌、铁，它们有利于保持牙齿的健康、骨骼的形成、血细胞的生成、甲状腺素的正常、人体组织的再生功能等。

2. 糖代谢

糖是运动所需能量的主要能源，对人的运动有着重要的影响。通常情况下，糖供应人体每天所需的70%的能量，并且相对于蛋白质和脂肪，糖需要较少的氧就可以氧化。因此，糖成为肌肉和大脑组织细胞活动所需能源的首选，是人体最经济的供能物质。

3. 蛋白质代谢

一切生命活动都离不开蛋白质，它是生命活动的基础，主要为机体的运动提供能量。

（1）蛋白质的代谢过程

食物中含有丰富的蛋白质，通过消化液的作用，将蛋白质分子分解为氨基酸，之后被小肠吸收。氨基酸被吸收后，再通过毛细血管进入血液，并在不同的组织中合成新的蛋白质。氨基酸经脱氨基作用等代谢过程，最终生成二氧化碳、氨和水。氨基酸在分解代谢过程中释放能量。

（2）蛋白质对人体的作用

蛋白质的主要成分就是氨基酸，并在人体中起着重要的作用，在人体的肌肉组织和各器官系统，乃至骨骼、牙齿都含有大量蛋白质，其中蛋白质约占细胞内物质的80%。蛋白质在人体内的主要作用就是建造、修补和重新合成细胞成分以实现自我更新，合成酶、激素等生物活性物质，作为机体的能源物质，维持酸碱平衡和体液平衡等。

（3）保健体育与蛋白质

人们参与保健体育运动，为提高运动效果，最有效的途径就是合理的补充蛋白质。科学实验证明，比例为2：1：1的亮氨酸、异亮氨酸和缬氨酸三种氨基酸的混合物是促进肌肉力量的增长最基本和最关键的物质，特别是在大强度负荷后，能够满足人们所需要的大量蛋白质。

蛋白质代谢过程中，需要很多激素参与调解，如肾上腺素和甲状腺素能促进蛋白质的分解，表现为甲亢时，甲状腺素分泌增加，人体蛋白质分解增加，人体逐渐消瘦；当生长激素分泌增加时，人体蛋白质合成增加，肌肉健壮。

4. 脂肪代谢

脂肪有助于体育锻炼中的有氧代谢，是有氧代谢为主的训练中的主要能源物质。人体脂肪主要来自动物脂肪和植物油。

（三）保健体育对生理健康的影响

1. 有助于消除身心疲劳

随着社会不断地快速发展，疲劳已成为常见的一种文明病。疲劳时期过长，会对身体健康有很大的危害，如果不加以控制，对人体各个器官组织及神经系统会造成严重的损伤，从而导致功能紊乱，直到疲劳成为一种疾病。从生理学角度出发，保健体育运动能够促进血液的循环，给大脑减轻压力和提供更多的养料，对驱除脑力疲劳和提高思维效率有着积极的作用。

2. 有助于保持健美体型

科学证明，15～69岁的肥胖男性死亡率比正常体重男性高50%。其中，每高出正常体重10%，寿命就减少一年。而保健体育运动可以帮助人们保持正常的体重，塑造男性魁梧有力、女性苗条健美的体型。

3. 有助于改善中枢神经系统

保健体育运动对中枢神经系统的平衡性和灵活性具有很好的改善作用，能够提高大脑的综合能力、分析能力，对人们平时的生活、学习、工作及运动有很大帮助，并且使人的动作变得灵活、敏捷、反应快，增强人体的环境适应能力。

三、保健体育的原理与机制

（一）保健体育的原理

1. 扶正祛邪

我国医学对健康的认识，贯穿着以“正气”为本的论点，即疾病的发生不仅取决于病邪，而且取决于人体抵抗病邪、维持健康的能力。保健体育就是锻炼人体的正气，提高人体抵抗病邪的能力，促进健康身体的发展。这里的“气”有两种含义：一是指构成人体和维持人体生命活动的精微物质，如水谷之气、呼吸之气等；二是指脏腑组织的生理机能，如脏腑之气、经络之气等。两者紧密相连，前者是后者的物质基础，后者为前者的功能表现。保健体育根据这一观点，通过体育锻炼扶正祛邪，使人体脏腑协调、血脉流通，代谢正常，使身体更加健康。

2．改善机能

保健体育通过“松”和“静”调节精神，提高机体的调整功能和抗病能力。我国医学强调锻炼时要做到“恬淡虚无”，即排除杂念、专一放松。这不仅使肌肉放松，而且可以使肌肉进入大脑皮层的冲动减少，使人体处于一种“松弛反应状态”，达到改善生理功能的效果。

3．延年益寿

据测定，保健体育锻炼后血浆中催乳激素浓度会有所增加，这意味着作为中枢介质的多巴胺活性降低。因此，锻炼者会感到安宁、轻松。另外，血浆皮质素的减少意味着人体免疫系统功能增强，衰老过程变慢。因此，保健体育锻炼有预防疾病、延年益寿的作用。

4．疏通经络

经络阻滞同样会导致疾病的发生。据观察，经络不通、气血不调者，其肢体两侧的体温差异很大。锻炼后，其差别明显减小，并趋于稳定。再经过较长时间的体育锻炼，对调节体内气血运行有很大帮助。

5．平衡阴阳

我国医学认为，疾病的发生主要是阴阳平衡所导致。我国保健体育主要通过“抑亢扶弱”的双调制效应来实现阴阳平衡。实验证明，体育锻炼者，在安静状态时，交感神经兴奋强度减弱，机体代谢降低，高反应状态得以纠正，亢强的功能得到调整，这都是气功抑阳扶阴作用的表现。反之，肾阳虚者，练功后出现四肢由厥冷变暖，尿酮类固醇恢复到正常水平，血浆内环腺苷酸、三磷酸腺苷含量增加，白细胞吞噬能力增强等变化，都是补阳作用的体现。这种作用可以在不同层次水平上表现出来，这就是保健体育治病、保健的机制所在。

（二）保健体育的机制

通过长时间的发展和经验积累，我国保健体育在各个领域都形成了自身独特的理论体系和保健机制。其中最大的特点就是确立了“天人合一”的整体观念，始终强调保健体育改善人体机能的方法和预防疲劳的措施，并做到“防病于未然”。

1. 保健体育的基本理论

整体观，在我国古代，养生家和医家就提出了这样一种说法，即人体以脏腑为核心，通过经络联系着四肢百骸、五宫七窍。人体的各器官、脏腑、系统都是紧密联系，相互依赖，并形成一个相对稳定的内部环境。人体经络的外在表现反映了脏腑的各种变化。此外，人体各器官、系统的变化又影响相应的脏腑。

形神统一观，所谓的形神统一，就是指人们的形体与精神能够有机的结合起来，形成一个统一的整体。这里所指的“形”主要包括人体的一切组织器官；“神”则指人们的意识、精神和思想活动。一方面，形与神关系密切，完整统一，形是神的物质基础，神是形的机能体现；另一方面，神主宰形，人体生命存在的基本保证就是形神统一，精、气则是构成形体的基本物质。

正气为主的发病观，通常所说的正气，是指人体生理活动正常并能够自我抵抗疾病和恢复健康的能力；而邪气是指能使人体致病的各种因素。中医认为正气决定疾病的发生，正气旺，则气血充盈，能够抵抗邪气的侵入，疾病就不会发生。因此，中医认为通过体育锻炼、养生保健、注意起居饮食也能调整精神活动，能够有效地防止疾病的发生。

天人相应，自然环境的变化影响着人的变化，季节的不同、自然环境的差异及昼夜的变化，对人体都会产生重要的影响，如心理、病理、生理、生长、发育、衰老等。通过长期的生活，人们必须了解自然环境的变化规律，并适应这一规律，来调节身体的各种技能，从而达到人与自然的相互协调、统一，只有这样才能做到保健防病的目的。

阴阳协调，阴阳学说认为一切生命活动与现象，都由阴阳两个方面构成。在人的生命活动中，阴阳双方在人体内通过互为消长来保持动态的相对平衡，从而维持生命活动的正常进行。阴阳相互依存，相互转化，缺一不可，任何一方虚损到一定程度就会导致另一方的不足，即所谓的“阳损及阴”或“阴损及阳”。

2. 保健体育的基本作用

（1）注意科学饮食

①人体需要不同种类的营养物质，来维持正常的生理功能和生长发育。因此，要对食物进行合理的搭配，这样才能气血以流，骨正筋柔，腠理以密，五脏功能达到平衡。反之，则会导致脏腑功能失调。此外，人的身体素质各不相同，在搭配食物上要注意因人而异，只有根据自己的体质

选用食品才能达到健康长寿的目的。

②科学饮食对保健体育具有重要的作用，要有合理的饮食时间和规律。做到先渴而饮，先饥而食，细嚼慢咽。反之，则会损伤脾胃功能。每日三餐的间隔应保持在 5 小时左右。

（2）起居有常

有规律的生活方式，叫作起居有常，主要包括适宜环境、四时起居、衣着舒适、定时作息四个方面。我国保健体育十分注重养成良好的生活规律，因为它是保养正气、防御外邪、祛病延年的重要方法。

①根据气候的变化，合理调节起居

春季早起散步或慢跑；夏季宜晚睡、早起，适当的接受阳光照射；秋季宜早睡、晚起，冬季亦是如此。此外，还应注意春防风寒，夏避烈日，秋防雨露，冬天莫触霜雪等。

②合理的作息时间

根据生活中的具体情况，如自身条件、周围环境及工作情况等，合理安排作息时间，同时做到持之以恒，坚持不懈，以养成良好的生活习惯。

③人体适应环境的动态平衡理论与方法

人与外部环境相互协调、统一，才能维持正常的生命活动。我国保健体育中就认识到环境气候对人体健康的重要影响，其中就有专门研究人与自然环境的关系。

掌握自然界的变化规律，有助于人们顺应自然、适应自然。对人而言，自然环境的变化主要以气候变化为主，人体生理功能的自我调节能够适应气候变化规律，才能更好地生存下去。

人体的绝大部分细胞生存在细胞外液之中，并与外界隔离，人体主要靠细胞外液进行营养物质的吸收、排泄，并维持正常的生理心理活动。人的有机体对内外环境的适应性决定了人体能否适应周围环境表，环境的变化影响机体变化，机体内的环境变化又以外界环境的变化为转移。

第二节　休闲体育

一、休闲体育运动的概念及内涵

（一）休闲体育运动的概念

从 20 世纪 80 年代以来，“运动休闲”“休闲体育”“体育休闲”等概念逐渐被引入，这些概念之间相互混淆甚至混用，给相关理论的研究与发展带来了一定的困难。我们首先应该对休闲体育运动的概念进行界定，从而更好地区别相关的概念，使休闲体育运动相关的理论得到更好的发展。

西方休闲体育活动更加注重以身体练习活动为主要内容的体育直接参与，强调休闲体育的娱乐性、丰富性以及非参与性，同时弱化其竞技性。

休闲体育运动强调的是对生活质量的追求以及实现自我的需要，是对心理需求的满足以及精神丰富的丰富。我国学者陈玉忠认为，体育休闲是人们在闲暇时间内，以体育为途径或载体，为达到娱乐、消遣、刺激和宣泄等多种目的，获取直接的生理或者心理的满足而进行的形式多样、内容广泛的休闲活动。

另外，还有其他一些学者对休闲体育运动的概念进行了不同的阐述，在此不再进行赘述。通过综合各位专家学者的观点，现代休闲体育运动可以从以下几方面进行阐述。

就现代休闲体育的构成而言，其主要由体育和休闲两部分构成，其含义为通过体育达到休闲的目的。休闲的方式多种多样，体育只是其中的一种，休闲体育是将休闲局限于体育之内的一种休闲活动。休闲体育运动鲜明地表达了将休闲作为体育活动参与的核心目的。体育活动的形式丰富多样，人们参与体育活动的目的也各不相同，有人是为了减肥，有人是为了健身，有人为了塑形，也有人是为了学习和交流。而休闲体育的核心是休闲而不是其他，现代社会体育的功能和价值获得了极大的拓展，除了健身娱乐功能之外，还具有教育和社会整合等多项功能，而现代休闲体育突出了休闲的功能。

现代休闲体育以直接参与体育活动为基础，从户外到室内等活动都具备这一基本特征，这是实现休闲目的的基本需要与保证。休闲体育运动通过身体的适度活动完成休闲过程，最终实现身心调节的目的。

通过上述分析总结，我们将现代休闲体育运动的概念总结如下。

人们在闲暇时间所进行的以增进身心健康、丰富和创造生活情趣、完善自我为目的，选择一些比较流行的运动项目而进行的身心锻炼活动。休闲体育运动具有健身、游戏、娱乐等属性，同时还具有改善与促进人的身心健康，提高人体机能水平的作用。这些属性与作用是人们日常生活所需要的，因而使休闲体育成为了人们休闲生活的一种重要方式。

自改革开放以来，人们生活水平不断提高，物质条件不断改善，节假日制度也逐渐完善。正是由于时间条件、物质条件以及人们文化观念的转变，使休闲体育逐渐的发展起来。如今，通过体育实现休闲的目的，已经成为人们的一种健康的生活方式和积极的生活追求。

（二）休闲体育运动的内涵

1. 休闲与体育

休闲指的是人们在工作、劳动之余以各种“玩”的方式实现身心的调节与放松，达到生命保健、体能恢复、身心愉悦的一种业余生活。休闲处于不断发展和流变过程中，而且不同人群的休闲方式也各不相同。在不同的社会发展阶段，休闲的意义也有所不同。但总体而言，休闲注重的是心情的放松和愉悦，压力的释放与宣泄，个人情感的满足与慰藉。合理科学的休闲行为，能够使人体实现体能、智力、情感等各方面的调节。作为一种重要的生活方式，休闲表现出独特的价值与作用，它可以实现身心的全面发展、丰富人们的日常生活、提高人的生活质量。而体育是人类在生产生活中形成的以身体各方面活动为主的一种特殊的文化，它同时也有很多方面的特点与功能，如健身、搏击、游戏、娱乐等，对人体具有积极的影响，对人们的休闲生活有着重要的意义。体育活动需要人们直接参与，通过各方面的体育锻炼活动使人体的各方面素质得到恢复与提高。

体育并非为了空闲时间的娱乐和愉快而存在的，它是以人身体和健康的发展为最终的目的。在人们的日常生活中，随着闲暇时间的不断增多，体育作为一种休闲娱乐活动在长期的生活实践中逐渐被人们所接受。体育通过休闲和娱乐的方式逐渐得以推广，并发展成为如今的休闲体育运动。

随着工业革命与现代化进程的不断加快，近代体育逐渐产生并迅速发展。18 世纪，随着工业革命的开展，在经济不断发展的同时，户外运动也逐渐兴盛起来。在节假日，当时的人们都会进行各种各样的休闲活动，户外运动是当时必不可少的休闲内容。射击、足球、高尔夫等运动在当时成为人们喜爱的内容。为了增加这些活动，相应的运动规则逐渐制定出来，体育组织也由此诞生。近代体育的发展和休闲运动之间密不可分，现代体育的发展也促进了现代休闲生活的不断发展。

现代体育活动项目已经很难将休闲体育和其他形式的体育活动区分开来，如网球、篮球、台球等运动，如果主动机是获得竞技成绩，则不能归为休闲体育运动之中；而如果只是为了放松自己、调节身心，则就应该属于休闲体育。

一般来说，体育休闲包括两方面，即身体直接参与活动的体育休闲与非身体直接参与活动的体育休闲。我们平常所说的休闲体育，就属于身体直接参与活动的体育休闲。休闲体育运动的范围更广，我们一般意义上的体育休闲运动就是指特指休闲体育运动。体育休闲中非直接身体参与部分，包括体育赛事观赏以及相关体育的文字、图片和视频的观赏与浏览等。

2. 现代休闲体育运动的主体性地位

休闲体育运动有很多的功能与作用，是人们日常生活中主体性的一种休闲方式。现代休闲体育运动备受关注，休闲体育也逐渐被纳入高校的教学体系当中，休闲体育的研究与相关人才的培养也在各国逐渐开展。近些年来，我国学者也在休闲体育方面进行了多方面的深入研究。

社会生活的现代化给人们带来便利和机遇的同时，也给人们的日常生活带来了一定的挑战。生产的社会化、规模化与规范化在提升效率的同时，也使得人们的劳动方式单调化，劳动密度增大。在人们工作投入增加的同时，同时造成了人们生活内容的丧失。因此，现代人越来越重视休闲体育运动，寄希望于这种休闲方式来缓解工作中产生的压力。

长期的工作造成人们产生了压抑与厌倦的情绪，而在生活中又得不到相应的释放，就会逐渐导致人体心理机能的不平衡，最终产生了相应的心理疾病。而且在单调刻板的工作状态中，使人体局部产生了劳动疲劳，如果长时间如此而得不到有效缓解，则可能导致人体相应部位的劳损。现代都市工作的上班族长时间的伏案写作或者在电脑前操作，导致身体运动能力不断下降，造成亚健康的身体状态。处于这种心理和生理状态的人们，无疑渴望着能从单调乏味的劳动中解放出来，希望自身的人生能够实现全面的复归。显然，这种解放和复归只有在他们自己能够自由支配的时间里，通过他们自己所选择的活动方式来最终实现。

休闲体育作为一种具有特别意义的休闲活动方式，通过特殊的渠道更能够让人们在身心获得更为全面的平衡。当人们离开工作任务繁重的车间或者办公室，在运动中进行发泄和放松，在自然中愉悦和畅快，不再承受工作所带来的压力，这种放松身心的快感所带来的效果是不言而喻的。

在日常生活中，除了需要缓解生活以及工作中的压力之外，人们从事休闲体育运动还有很多的动机与目的。经过研究归纳，我们将人们参加休闲体育的动机大致总结为以下几点。

（1）净化情感动机。人们在日常生活中经常会产生一些精神上的压力、心理上的不满或者情绪上的不愉快，通过采取休闲体育运动的方式能够有效缓解这些压力，同时对于负面情绪的宣泄以及心理上的平衡具有积极的作用，有助于使人的心境恢复平静。

（2）报偿动机。在学习、工作和生活中，并不是人们所有的欲求都能得到满足，这种欲求不满会造成人们心理产生一种不满足感、挫败感。因此，可以通过某种休闲体育活动体验成功感和满足感。处于青春期和叛逆期的学生群体在学习中遇到挫折和不顺时，非常容易产生这种动机。

（3）放松身体动机。即为了缓解身体的疲劳与肌肉的紧张，通过某种休闲体育活动来使肌肉松弛，身体获得积极地恢复。

（4）发散精力动机。即希望将自己工作、学习之后剩余的精力，通过某种活动方式继续发散出来。这种动机在精力旺盛、活泼好动的青少年人群中表现尤为明显。

（5）社交动机。通过参与某些休闲活动来实现与他人交往的目的，同时提高自身的素质，实现发展自己对社会适应能力的目的。

除了以上几种主要的、具有普遍性的行为动机之外，有的人参与某种休闲活动则可能纯粹是为了得到某种感官的刺激，有的人则可能是为了逃避某些社会任务与责任。但就多数人来说，参加各种休闲活动的目的多与上述几种主要动机有关。需要注意的是，人们参与休闲体育活动的动机并不是单一的，有时可能会在多种动机的共同作用下做出选择。例如，很多人在进行休闲体育放松身心的同时，也在进行着一些社交活动。

现如今，“花钱买运动，花钱买健康”的观念逐渐被大多数生活在城市的人们所接受，小康社会的休闲方式将逐渐以休闲体育为主流。居民消费结构的转换以及消费需求的扩张，已成为中国经济高速增长的主要动力。同时，以休闲体育运动为主体的休闲活动，也将为我国经济的持续发展做出不可忽视的贡献。

二、休闲体育运动的内容及分类

休闲体育运动的内涵，决定了休闲体育运动丰富的外延。休闲体育运动的分类形式有很多：就其运动形式可以分为竞技运动项目与非竞技运动项目；从活动方式方法上可以分为有氧运动项目与无氧运动项目；从活动场所来划分，可分为室内活动项目与室外活动项目。

通过对休闲体育运动进行分类，有助于我们进一步了解休闲体育运动的内容与特征，更好地理解休闲体育运动的价值与内涵，从而为参加休闲体育活动积累一些必要的知识。这里主要从以下两个方面对休闲体育运动进行分类。

（一）根据项目性质划分的休闲体育运动

根据项目性质来进行划分，可以将休闲体育活动分为眩晕类运动，命中类运动，技巧类运动，冒险类运动，养生类运动，健身舞类运动，游戏竞赛类运动，水上、冰雪类运动，户外休闲运动等类型。不同类型的休闲体育活动具有各自不同的特点。

（二）根据身体状态划分的休闲体育运动及内容

1. 互动性休闲体育运动

（1）利用自然运动

利用自然运动，具体是指利用自然界的资源进行的互助的体育休闲活动。这类活动需要专业的指导或者在医护人员的监督下进行，从而保证活动的安全，如空气浴、温泉浴、泥浴、沙浴、药浴、蒸气浴等。

（2）互动式运动

互动式运动具体是指通过专业人员技术活动来缓解身心的疲惫、消除烦躁心绪、减压、调节身心的一种活动形式。一般而言，推拿按摩、针灸、足按足浴、理疗等都属于互动式休闲活动的范畴。

2. 安静类休闲体育运动

安静类休闲体育运动，主要是指棋牌类的休闲活动，垂钓也属于此类活动。以棋牌类休闲活动为例，棋牌活动的参与者身体活动量较小，脑力支出相对较大，是智慧与心理素质的一种竞争。一般而言，此类休闲体育活动通常是多人参加的集体活动，默契与配合、经验与心理素质是这类活动的重要特征。相比较而言，在垂钓活动中，参与者的体力与脑力的支出都较小，是一种不错的修心养性的休闲方式。

3. 观赏类休闲体育运动

观赏类休闲体育运动，主要是指观赏各种体育竞赛和休闲体育运动的表演。在观看这些比赛和表演的过程中，人们会表现出各种不同的情绪，如兴奋、激动、惊叹、沮丧、愤怒等。通过观赏他人所进行的休闲体育活动，人们的心理压力会获得很大程度的释放。另外，在观赏这些表演与比赛的过程中，观赏者还可以学到很多相关的体育知识，得到体育精神的熏陶。

三、休闲体育运动的特点及功能

（一）休闲体育运动的特点

1．休闲体育运动的流行性

流行性指的是某种社会事物具有非常广泛的影响，同时形成了一种时尚性的外在表现，而流行常常是时尚的结果。然而，在现代社会条件下，各种新的体育休闲活动项目不断地被创造出来，由于传播媒体的作用，很多的项目都会在较短的时间内向全世界范围内迅速传播，并逐渐成为国际性的体育活动项目。奥林匹克运动会项目设置的不断扩张，就是体育运动流行性的典型表现，并表现出明显的流行性特点。

体育休闲运动的流行性，主要是从其活动项目的迅速风行于世界后又逐渐消失中表现出来。一种体育活动通常会在短时期内在一个地方迅速流行开来，成为人们在进行休闲的时间里非常热衷的活动。当然，与其他具有流行性特征的事物一样，这种或者那种体育活动或许在风靡一时后，又很快地销声匿迹，继而又有另一种让人愉悦接受的新体育项目取而代之。

2．休闲体育运动的参与性

休闲体育运动的实践性很强，它需要人们的亲身参与，同时在进行体育活动的过程中体验并获得某种感受，或者通过自身活动的结果来表达出自己的观点或者理念。没有自己亲身的参与，就不能够从中获得那种所期望的感受，也不能够实现自己的完整表达。有些人将观看体育比赛和体育表演也纳入休闲体育运动的范畴，并将休闲体育运动分为参与型与观赏型两种。

客观来讲，观看或者欣赏体育的方式应该属于文化性休闲的范畴，而不应该纳入到休闲体育的范畴之中，因为这种方式无论怎样去欣赏体育表演，与杂技、大型综合性演出等并没有多大的区别，虽然这种现代文艺演出中经常会有演员与观众之间的互动，但我们却始终不能认定这是观众在演出。因此，休闲体育运动应该是活动者参与其中、亲身实践的过程。事实上，休闲体育运动所能够实现的各种功能与作用，都是在活动者参与过程中体现出来的。

体验是休闲体育运动参与性的一种重要体现。体验是人类进行感知的一个过程，在这个过程中，人们不断对感知进行处理，需要进行一定的情感投入。体验并不是简单的感觉，是一种感觉的深化与发展，它需要对某种行为做出有意识的解释，它是与当时的时间与空间紧密联系的精神过程。休闲体育运动正是一种直接的身体体验活动，在人们进行身体体验的过程当中，会产生一定的情感、情绪以及心理体验。

3. 休闲体育运动的时代性

休闲体育是在一定的历史阶段、一定的文化背景下产生并逐渐发展起来的。在不同的历史时期，其物质文明和精神文明也各有不同，因而所产生的休闲活动方式也各不相同，体育休闲活动也是应不同时代的要求和进步而演变和发展起来的。

通过观察历史的发展进程可以发现，不管是在什么时代，体育活动总是可以现身于社会当中，成为民众喜欢接受和参与的休闲活动方式。即使是在神权的统治之下的中世纪（5～15世纪）欧洲，也很难抑制民众追求身体游戏的需要，少年儿童始终是游戏的先锋，他们将武士的打斗也变成自己进行身体娱乐的活动形式。当然，休闲体育运动毕竟是社会文明的一种表现，在很多情况下，它与社会科学技术的发展水平都有密切的关系。我们能够看到，如今所流行的体育休闲活动与上个世纪初发生了很大的变化，如今的体育休闲活动常常是与科学技术以及材料革命的结合，而之前的活动更加倾向于进行身体的自然活动。

4. 休闲体育运动的自然性

人的生命活动无外乎内部活动和外部活动两种形式，内部活动就是生理、生化活动，即物质与能量不断消散的一个过程。不管我们是否愿意，这种过程总是在人这一有机体内部不断发生并进行着。要想维持生命结构的存在，一方面需要促使消散过程不断地积极进行，另一方面则需要通过与外界进行物质交换来实现已经消散能量的补偿。然而，这两个方面的活动都一定要借助于有机体的外部活动，它们构成了摄入与排泄以及身体运动这些基本需求的本源。因此，人们总是会选择大量涉及身体运动的游戏或者娱乐方式。

5. 休闲体育运动的时尚性

在经济、文化高度发展的当今社会，参加休闲体育活动已经成为一种社会时尚。一方面，人们进行体育休闲活动能够表明自己与某个社会阶层的平等性等级，另一方面则以此标明自己与另外某个阶层之间所存在的差异。因此，时尚性是休闲体育运动的一种较为典型的特点。人们参与体育休闲运动时的动机、目的、心态、情感等一般情况下会处在舍勒贝格所表述的时尚双重性之中。例如，人们在进行体育活动时，总是要遵守这种活动的规则与方式，但在进行休闲体育运动时，人们却总是不情愿遵守这些活动规则以及相关规范，因为这些东西多少会造成一种文化性的压力，而休闲体育运动恰恰是试图摆脱各种外在压力的一种行为方式。

时尚性是一种社会事物与社会发展的趋势，以及社会需求协调同一的表现。人们对体育的需求由于社会物质文明的不断发展而逐渐强烈起来。一方面，作为时代的青年人不只是时尚的代表，同时也是时代风气的传播者；另一方面，由于青年人充满了青春活力，是“娱乐的先锋”。体育不仅是一种表现其青春活力的载体，同时还能够让他们产生愉悦的情感，形成一种良好的交流与互动，同时还可以宣泄情绪以及发散多余的精力。因此，在现代社会的不同时期，休闲体育一般都会成为青年人的一种时尚。

随着经济社会的不断发展，人们的思想意识也在不断进步，新的休闲体育运动不断被创造出来，并在全球化的社会背景下迅速向全世界范围内传播，逐渐演变为一种全球性的休闲体育运动。在信息高速传播的今天，人们不断的接受着新的思想与内容。因此，一种休闲体育运动形式会很快会被另一种形式所替代，这种快节奏是社会发展的鲜明特点。

另一方面，新的休闲体育运动的产生与发展，总是先在少数人当中流行于传播。人们一方面通过参与休闲体育运动以表明自己的某种身份或地位，另一方面则以此表现自己与另外某阶层存在的差异。例如，高尔夫球运动在流行之初被标榜为贵族富人的运动，因此有很多富人都“被热爱”上了这项休闲体育运动。因此，时尚性是休闲体育运动的特点之一。

6. 休闲体育运动的层次性

休闲体育运动的层次性包含了三个方面的内容：一是活动人群的年龄层次；二是活动内容难易层次；三是活动方式的经济消费水平层次。这几种层次的划分具有非常重要的社会意义，同时也表现出休闲体育研究的不同视角与内容。

一般而言，不同年龄阶段的人有着各自不同的需求与爱好，这种需求与爱好对于人们体育休闲方式的选择会有直接的影响。少年儿童一般会对一些新奇的个人活动，如滑板、轮滑、小轮自行车等感兴趣；青年群体则对具有一定挑战性和对抗性的活动更加感兴趣，如足球、篮球、网球等；中年人更加注重体育活动的品味和档次；老年人则喜欢交流互动性较强的活动。通常情况下，年龄因素是体育休闲活动进行分层的主要的、甚至是决定性的因素。

内容的难度是完成活动所要求的技术标准高低的问题，是一些人选择体育休闲活动方式的一种依据。这种选择主要是由活动者对自己运动能力的评价决定的，运动能力比较强的个人，一般情况下会选择一些技术动作难度较高的运动项目；而个人运动能力自我评价较低者，更偏重于选择那些无须多大努力就能够做到的活动项目。

活动方式的经济消费水平是一种具有显著社会性特征的分层，与个人的社会身份以及阶层的表征具有密切的联系。一些体育休闲活动方式明显属于高消费，这些活动的参与者必须要拥有相当雄厚的财力，带有明显的炫耀性消费特征；而另一些体育休闲活动方式则可能对个人的经济情况有一定程度的要求，不仅可以显示出个人的身份地位，同时还能够表现出个人的运动能力；一些人更愿意选择那些不需要太大开销，就可以开心愉快活动的运动项目，他们也没有多余的金钱花费在休闲体育活动当中，所以他们也不在乎自己玩的活动属于哪个层次。

（二）休闲体育运动的功能

1. 休闲体育运动的教化功能

休闲体育运动的教化功能，主要是指它对人的思想和行为的引导具有非常积极的作用。当前，现代休闲体育运动包含很多的内容，它不只是一种单纯的娱乐性活动，更是一个个体进行自我学习与完善的教育过程。

个体在进行休闲体育运动的过程中，不仅能够学到休闲体育运动的相关技术，同时还可以发展体能、培养人际交往能力、增强自信心、培养协作精神与竞争意识。此外，在参与休闲体育运动的过程中，人们还能够汲取到相关学科的知识，有助于身心得到充分自由的均衡发展，从而实现自我的完善与发展。

在未来一段时期内，休闲体育运动的教化功能还将继续影响不同年龄阶段的参与者。随着我国体育事业的快速发展，我国普及休闲体育活动的条件已经初步形成。一方面，中老年人对掌握一门健身娱乐的运动方法来充实自身闲暇实践的需求逐渐增大，另一方面，中青年人更为迫切地需要通过休闲体育运动来缓解日常工作生活中的紧张与烦恼。休闲体育运动以其特有的身心复原作用与经济学价值，在其中发挥着很大的作用。总而言之，休闲体育运动将以培养人类健康身体的方式来提供更多的快乐与享受，是人们未来享受生命的重要方式之一。

2. 休闲体育运动的个人功能

(1) 娱乐身心功能

休闲活动是人们在闲暇时间里自愿选择与参加的活动。而娱乐则指的是有组织、有益于个人及社会的休闲活动。自我满足、即兴自发的游戏与有组织有目的的娱乐活动，刚好是相对的两种休闲形式。休闲体育运动表现出内容丰富，形式多样，富有挑战性、刺激性、新颖性以及艺术表现性等特点，使人们在参与休闲体育活动中，充分享受到体育的乐趣，在表现和施展自身才能的同时，获得身心的愉悦和满足，这是现代休闲体育最重要的功能之一。

(2) 健身功能

实践证明，在闲暇时间经常进行休闲体育活动是保持身体健康、强健身体的一项有效措施。随着年龄的逐渐增长，人体会出现各种老化现象，随之而来的就是各种疾病的产生。研究发现，动脉硬化在脑力劳动者中发生概率为14.5%，在体力劳动者中仅为1.3%。我国传统的养生学一直都非常强调运动对于人体的重要作用。有研究者对长期参加跑步的40名中老年人研究发现，他们的发病率一般都很低，心肺退化性变化推迟10年甚至更长时间。正是由于平时坚持参加适宜的长跑运动，才显著改善了心肺功能，调节了身心。

随着社会的不断发展，“职业病”和“文明病”逐渐增多，人们越来越意识到身体健康的重要性，“生命在于运动”的观念逐渐被人们所普遍接受。在日常的工作生活中，人们开始逐渐重视体育运动的功能与作用，在空闲时间里参与各种休闲体育活动，以此来弥补或消除由于缺乏运动所造成的负面影响。通过参与这些内容丰富、形式多样的休闲体育活动，人们能够获得健康的身体与愉悦的身心，而作为一种能够保持并提高健康水平的体育运动，休闲体育活动是最积极、最有益、最愉快的休闲方式之一。

休闲体育运动之所以不断受到人们的重视，同其自身所具备的特点密切相关。总体来说，我国的竞技体育、学校体育、群众体育的发展或多或少都带有一定的强制性，而实践则要求过去的封闭体育向开放体育过度、计划体育向市场体育转型。面对这种情况，“终身体育”与“健康第一”的观念逐渐被人们所认可并接受。“终身体育”的理论与观念之所以能被人们广泛地接受，与人们对于健康的需求密不可分，它作为一种理论基础，对人们的健身意识具有积极地推动作用。此外，通过人们的实践，休闲体育活动以其趣味性与娱乐性吸引着大众的目光，从而促使人们产生了强烈的休闲体育健身的欲望。

（3）放松功能

随着社会的不断发展，人际关系变得越来越复杂，人们的生活节奏不断加快，工作的高度紧张都给人们的生活带来的很大的压力，同时也使人类面临“文明病”的威胁。在生活压力与“文明病”的双重影响下，工作与休息之间的矛盾日益凸显，休闲体育活动就是为解决这对矛盾，缓和人们生活的压力，解除人类对“文明病”的威胁而出现的。休闲体育运动的出现有效缓解了人们工作与休息之间的矛盾，使人们紧张的身心获得了放松，这种放松不单单是指身体上得到放松，更重要的是人们心态方面的一种调整，是精神疲劳的恢复与心灵上的放松。

3. 休闲体育运动的文化功能

从概念上来说，文化分为广义与狭义两种含义。广义的文化指的是人类所从事的各种各样的社会活动，以及在这些社会活动中所创造出的一切成果。它包括人类社会生活的各个层面，不仅包括物质产品，同时还包括精神产品、各种社会现象与社会事物等。狭义的文化指的是与精神生产直接有关的精神生活、现象以及过程。它是相对于物质文化来说的一种精神文化，仅仅是指人的精神生活领域。它主要包括三方面内容，即价值观、社会意识或思想、道德。文化是人类特有活动的一种积淀，它具有社会属性的概念，而休闲体育运动是人类社会发展到一定阶段的产物，是一种特殊的社会文化现象。

人们的休闲时间也可以说是一种资源或者财富。人们所从事的休闲体育活动，是人类创造性的发展，是人本质力量的证明以及人本质的一种充实。从经济学角度来看，只有不断提高人的素质这一生产力中最为重要的因素，才能从根本上促进生产效益的提高。

社会文化生活的内容是丰富多彩的，而休闲体育作为社会文化的一种形式，更具有文化的韵味。休闲体育运动不仅仅在于满足人们娱乐性与消遣性的需求，满足对美的需求，同时还能够满足自我发展的需求。休闲体育运动为人们的精神文化消费提供了更为丰富的内容与形式，是人们社会生活中的有机组成部分。人们越是有更多的休闲时间，就越需要理智，需要正确的引导，否则就会给社会带来负担。

4. 休闲体育运动的经济功能

休闲体育运动的经济影响力，在房地产领域也有所体现。在房地产业再次成为国民经济重头戏的今天，人们购房的选择已经不再仅仅以房价、房屋面积、楼层等硬性指标为固定标准，而是将关注的目光更多地投向了社区的舒适性、方便性以及合理性等方面。在“科学运动，健康生活”这种现代生活新主张的引领下，对休闲体育设施配套状况的关注也在全民健身运动的热潮中再次兴起，成为住户购房时比较权衡的一项重要因素。由于进行休闲体育运动变得更加方便可行，居民的身体健康状况得到了很大程度的提升，而位于国民消费三大开支之列的医疗费用也随之有明显下降。休闲体育运动已经逐渐成为深入我国大众生活最为普遍的一种社会现象和经济现象，并且不断地广泛传播开来。

需要注意的是，我们应该正确处理休闲体育的价值取向问题，只有将休闲体育运动纳入社会主义精神文明建设的轨道上，从能够为人们生活质量、精神境界、道德情操的提高以及社会文明的进步进行服务，才能够切实保证休闲体育向着健康、积极向上的方向不断发展。

第三节　健美体育

一、健美体育的含义

健美体育作为社会体育的重要组成部分，是指利用各种体育手段，在增进广大人民群众健康、增强体质的基础上，对人的体形和身体姿态进行塑造，以达到现代人体美学要求的体育运动。

人的爱美之心和体育对人体健美的塑造功能，是健美体育两个重要的基本前提。一方面，从人类社会的发展历史来看，人类的审美要求是随着人的社会特征的出现而产生的。后来，随着社会文明的不断进步，人类有了日益强烈的审美情趣和审美意识，在人类不断发展的自身审美能力基础上，最终形成了人类社会所特有的审美观。人类的审美对象是多种多样的，既有对外在客体的审美，如自然山川、文学艺术、衣食生活、娱乐消遣等；也有对人类自身的审美，而欣赏人体自身的美，则是所有审美对象中最直观、最具体的一类。

另一方面，体育对人体健美的塑造功能也是众所周知的。历史发展到今天，几乎所有的教科书在论及体育的功能时，都会把体育的健美功能放在十分突出的位置上。健康是塑造健美体型的基础条件。我们知道，健康是事物的常态，而只有常态的事物才是顺应自然、充满生机的，人们对此也会表现出本能的“亲和力”。所谓人的健康，通常应包括人体有端正的五官、匀称的体型、良好发育的身体各系统、健壮的肌肉、光泽的皮肤和正常的毛发等，这些均与体育有着密不可分的联系。同时，体型尽管受到先天遗传因素的影响，且随年龄的差异、性别的不同而表现各异，但实际上先天的人体构架通过后天有针对性的体育锻炼，却能够改变其成为符合现代人审美要求的体型。需要指出的是，我们不能只从生物学的角度来观察人体的健美，事实上，高雅的气质和翩翩的风度才是人体健美的实质和核心。这里所说的气质是人的个性特征，风度则是人的言谈、举止和态度的综合表现。时至今日，人们已经充分认识到，通过健美体育的锻炼，可以培养高雅的气质和良好的风度。人们进行的各种健美体育活动，早已渗透着对人的个性特征的塑造，从而使人成为具体而生动的审美对象。

人体美主要包括人的体型美、姿态美、动作美和风度美。人体的美是自然美和社会美高度结合的表现，是所有审美对象中最动人、最直观和最深刻的美。虽然美学家对美的猎取对象存在很大差异，对美的评价标准也各有不同，但对人体美都给予了充分的肯定和赞誉。在此基础上，导致了体育运动的一个重要分支——健美体育的出现，它受到不同年龄性别的锻炼者，特别是广大青少年的普遍重视。无论在我国还是其他国家，健美体育都得以普遍流行。

二、健美体育的分类

健美体育是整个体育运动的一个重要分支，根据不同的标准可将其分为不同的种类。如按年龄，可将其分为中老年健美体育、青少年健美体育和少儿健美体育等；按性别可分成男子健美体育、女子健美体育；有人曾将体型美分成肌肉发达型、体能型、适应型和姿态型四种，由此产生与此相适应的四种健美体育类型（肌肉发达型、体能型、适应型、姿态型）。

这里我们按照健美体育的性质和对人体的作用，将其分为减肥锻炼、形体锻炼和健美运动三大类。

（一）减肥锻炼

减肥锻炼通常是针对一些体重超过正常标准的人而进行的，其目的是为了使这类人群通过减肥锻炼达到改善健康状况，预防和治疗肥胖症，重塑正常体形。近年来，随着社会生产方式和人们的生活方式的不断提高，肥胖者在社会人群中的比例日益增多，肥胖的程度也有所加剧。由于肥胖对人体健康具有十分不利的影响，从而导致现代减肥运动的兴起。从严格意义上说，减肥锻炼不仅属于体育学和医学研究的范畴，而且也属于社会学和美学的研究范围。

（二）形体锻炼

形体锻炼即形体健美，它是一种运用各种体育手段，以培养强壮体魄，健美体形、良好姿态、气质和风度为目的的体育活动。需要指出的是，由于人所处的社会环境、社会价值观念不同，其对于人体形态美的理解以及判断标准也不尽相同，从而形成了一些有代表性的学说。但是，追求身体匀称、矫健，却是人类共同的良好愿望。同时还必须注意到，随着世界一体化趋势的发展，人们对形态美的判断和评价标准，也出现彼此认可和逐步趋同的趋势。

（三）健美运动

在国际上，健美运动也被称为健身运动。它是通过各种方式和方法，利用自身体重或外加抗阻的负重练习，以锻炼身体、发达肌肉、健美体格、增强力量为目的的运动项目。健美运动自产生后较早地被列入了正式的比赛项目，国际健美协会常常组织各种健美比赛。对社会体育而言，这类健美体育的主要目的是为了增强人的体质状况，塑造优美的体型以适应社会活动的需要，它与为参加健美比赛而进行的训练是不同的。

三、健美体育的趋势

（一）运动减肥逐渐成为社会关注的热点

随着我国社会经济的飞速发展，我国广大城乡居民的生产方式和生活方式发生了重大变化，营养状况得到极大改善，这也使得我国肥胖人群日益增多，肥胖症已经成为日益威胁广大城乡居民健康的主要疾病之一。历史上，由于人们对肥胖缺乏科学的认识，忽视了减肥锻炼的必要性和重要性。在社会科学文化高度发展的今天，人们正在学会用医学和美学的角度来审视肥胖问题，从而使减肥成为社会关注的热点之一。虽然现代科学技术的进步，使一些科学人员研究出了多种多样的减肥药物、减肥食品和减肥医疗手段，但体育运动在减肥健身方面却发挥着任何药物都无法替代的作用，这一观念也正在得到广大居民的认同。因此，社会群体参加运动减肥的人数将会越来越多，各种运动减肥中心和相应的运动减肥产业也会快速发展。

（二）健美体育逐渐成为流行时尚

美作为一种观念形态的文化，属于社会的上层建筑，其最终是由经济基础决定的。同时，美还体现出历史性和时代性的特征，在不同的时代、不同的国家和民族、不同经济水平和生活条件下，人们的审美观念存在着较大的差异。如在我国长期的封建社会时期，由于生产力不高，绝大部分的人民群众生活水平低下，当时的妇女就曾以裹足和病弱为美，而盛唐时期由于生产力的发展，统治阶级为显示富足，妇女则以体胖为美。到了现代，为适应快捷的社会节奏和频繁的社会活动，这就要求人们体魄健壮、身姿优美、精力充沛，从而激发起极大的以健求美的需求。此外，随着现代科学的飞速发展，使得人们对体育的健美功能有了更为深刻的认识。

在这种情况下，健美体育正在成为人们热衷于参与的社会时尚，成为人们优化生活方式的重要内容，并日益流行起来。特别是20世纪70年代末的改革开放所带来的经济发展和人民生活水平的提高，孕育了中国健美体育的兴起和初期发展。进入21世纪，随着我国经济和综合国力水平的进一步提高，社会体育中，健美体育将会与健身体育并驾齐驱，成为中国体育事业的主流之一。人们对自身健美和健美体育的关注，会成为适应社会和大众生活的基本内容。

（三）健美体育产业对拉动内需日益显著

近年来，随着我国社会主义市场经济的不断发展，健美体育在市场中日益活跃。各种健美俱乐部、健美班和培训中心如雨后春笋在中国大地竞相开设。目前，各种街舞和舍宾俱乐部已经在我国城乡广泛流行，倡导和实践着符合时代需要的人体健美理念。这类带有健美体育和休闲性质的形式日益发挥着重要的宣传和导向作用，从而满足人们“花钱买健美”的需求，促进了健美体育产业的发展。需要指出的是，相比较而言，我国的健美体育产业的总体水平仍不高，仍有巨大的发展潜力和空间。在国外，一些经济发达国家的居民用于文化娱乐体育等方面的消费，通常要占到家庭总支出的30%～40%，而健美体育开支也占有相当的比重。随着我国经济的进一步发展，以及健美市场环境的进一步改善，我国的健美体育产业将产生新的飞跃，成为拉动我国经济发展的一支重要力量。

（四）健美人群日益广泛

长期以来，健美体育往往是绝大多数青少年追求的一种体育运动，而其他群体人数较少。近年来，随着我国社会生产和生活方式的变革，这种局面正在发生较大变化，参与群体呈现出扩大化的趋势。目前，很多中老年人也正在投身于健美体育中去，不同阶层的妇女在逐步从家庭走向社会以后，也在逐步加入健美体育的行列，成为坚定的健美体育群体。总之，不管是体力劳动者还是脑力劳动者，都逐步以健美身材和参与健美体育为荣。这种趋势带有不可逆转性，且参加健美体育的人数也呈现一个不断上升的趋势。

第三章　社会体育与社会进步

在社会体育与社会进步这部分内容中，我们主要从四个方面来进行分析，分别是社会体育与生产方式、社会体育与生活方式、社会体育与大众健康以及社会体育与社会文化。

第一节　社会体育与生产方式

一、生产方式的改变

人类世界社会文明已经经历了三种经济形态，下面就按照时间发展的顺序对经济形态做一简单分析。

（一）农业经济形态

从农业经济形态的角度来看，我们可以对之前的经济形态做一简单划分，具体来说最原始的经济形态是农业经济形态，从其时间上来看，大概是从公元前 8000 年开始，一直持续到 1750 年左右。在这一长短时间内，农业在其经济发展中起着决定性作用，也正是由于这样的因素存在，我们习惯上也将这一段时间内的经济形态称之为农业经济形态，并且，从整体上来看，这种经济形态活动有其自身的特点，即一定的地域性。

随着时间的推移，农业经济形态下生产力也逐渐在发展，随之而来的是知识与科技的变化。此时，由于交通并不像我们现在所生活的时代一样发达，在那个时候只能依靠步行或者是简单的马车来实现运输，因此，一些科技的传播与发展也带有一定的局限性，主要集中在四大文明古国，分别是古埃及、古巴比伦、古印度与古中国。

虽然我们没有亲身经历过文艺复兴，但是每当一读到这段历史的时候，仿佛当时发生的一切都呈现在我们面前。这次运动最大的成功就在于人们的思想得到了解放，同时科学技术也得到了一定的发展。也就是在这个时候，中国的四大文明相继得到了传播，逐渐传入了欧洲等地。最著名的工业革命也在之后的时间内得到开展，人类随之便进入了比农业经济形态更高一层的蒸汽时代。

（二）工业经济形态

从时间上来看，20 世纪初创立的量子理论和相对论，为原子能技术、合成化工技术和半导体技术的发展提供了科学基础。20 世纪下半叶以来发展起来的电子技术，半导体和集成电路技术、计算机、个人电脑和全球化通信及多媒体网络，使人类社会进入信息时代。

工业区经济时代到现在为止只有 200 多年的历史，但是这短短 200 年的历史却创造了农业经济时代所不能比拟的物质文明。工业经济的主要生产要素是资本、自然资源、机器与掌握工业生产知识或技能的工程师、经营经理和产业工人；主要的生产方式是社会化工业大生产；主要支柱产业是纺织、钢铁、机电汽车、化工、建筑物质生产工业；主要的基础设施是交通、能源、通信。

（三）知识经济形态

从时间上来看，大概是在进入 20 世纪 90 年代以来世界经济发展出现新阶段，具有不同于传统工业经济的明显特征，主要表现在九个方面，具体如图 3－1－1 所示。

消费变化	知识经济时代的变化使得人们的消费将进一步呈现多样化、个性化、艺术化特点。
社会发展资源	知识经济时代，知识成为社会发展最重要的资源，是竞争合作的决定性因素。人们如同农业经济时代对于土地、工业经济时代对于资本那样的追求知识，将教育和科技的投资看成最重要的投资。终身教育、终身学习将成为时代潮流，科技和文化产业将成为社会最宏大的产业。
经济与社会发展基础	知识经济时代，国家和地区的创新体（包括知识创新、知识传播、技术创新和各种应用体系）已成为国家和地区经济和社会发展的重要基础设施和竞争力的基础。

发展模式	知识经济时代是工业化社会的继承与扬弃：人们追求生产方式、分配方式、生活方式和发展模式的可持续性，追求人与自然的协调，自觉地控制自身的生育和消费，保护地球的生态和环境。
依靠来源	知识经济是主要依靠知识创新、知识创造性应用和知识广泛传播发展的经济。
支柱产业	知识经济时代的支柱产业已经从传统产业发展转移到信息、新材料、生物技术、新能源、航空航天、环保、文化产业和科技信息服务业。
全球化发展	知识经济是伴随着信息化和经济全球化时代到来的，必然具有全球化竞争和合作的特征；知识全球范围的即时传播和应用，人才全球范围的流动与竞争，知识化产品全球性的合作生产、竞争和行销，全球性的知识产权保护公约和法规，全球化的宽带数字多媒体网络，科技与文化全球化的交流与合作。
社会劳动力结构	知识经济时代的社会劳动结构也将发生根本性改变，不仅体力劳动，而且部分脑力劳动也将被机器和叫脑替代。
资本主义深化发展时代	知识经济时代将是资本主义社会形态继续深化的时代，人类社会将走向知识化、市场化、全球化、理性化可持续发展、民主、法治、公正、公平、科学、文明的新时代。

图 3－1－1

从整体上来看，知识经济时代对人的身体、身体能力和身体技能都提出新的要求，这些新的要求都是以人的全面发展、协调发展、和谐发展作为前提的，在知识经济时代人们对体育的要求更加强烈，更加自觉，体育将成为人们生活的首要内容和主要需要之一。

二、满足需求方式的改变

关于生产力与生产关系之间的作用，马克思对其有着一段详细的论述，读者可参考《马克思恩格斯选集》第一卷第108页的相关内容做详细地分析。对于马克思的这种观点我们可以从下面两个方面进行理解和思考。一方面，我们必须把生产力看作是人们满足自身需要的能力。因为只有在人们生活需要的驱使下，在同自然界作斗争的劳动实践中，才形成了我们称之为生产力的东西，没有人的需要，没有它与自然的矛盾，没有劳动创造实践，就谈不上生产力。同样，没有人的需要向实践转化的社会过程，就是说，劳动创造实践一旦失去了人的需要作为内在的动因和外在的动力，也就谈不上生产力的发展。

从另一方面来说，人们发展生产力除了能够提高社会生产力之外，实际上，这也正是在发展满足自身需要、改善自己生活能力。生产力水平的高低从某种程度上来说体现着人们的需求，在以前的社会发展状况中，人们对于社会的需求只停留在吃饱穿暖上，而我们分析那时的生产力也可以发展，只够满足人最基本的需求——吃饱穿暖。随着时间的推移，人们的需求范围越来越广、需求量也越来越大，此时的生产力就会随着人们的需求逐步发展，去不断适应人们变化着的需求。因此，生产力的水平又标志着人们怎样才能从自然界中获得满足需要的对象，他们要付出什么样的代价和多大的代价，比如主要消耗体力还是脑力。所有这些都说明，生产力作为一种力，它必然有主体（施力体），它的根据在于主体，在于主体身上的发生源，这就是人的需要。生产力的形式和发展，它所起的任何作用，离开人的需要都无法得到根本说明。

换个角度来看待这个问题，在实际生产中我们必须把生产关系看作是人们满足自身需要的能力结构。有时候我们可以将生产力与生产关系之间的存在形式比作是另一种形式。生产力为能力，同理，生产关系为结构。实际上任何一种关系都存在于特定的结构中，当然，我们将生产力与生产关系之间的这种特定关系这样划成等号也是可以的。

从整体上来看，生产力与生产关系两者有机的统一，完整地构成了人们需要的满足方式。

第二节 社会体育与生活方式

一、生活方式的概念

一般情况下，我们所说的生活方式有广义和狭义两种，其所包含的范围有所差别。

（一）广义的生活方式

一般情况下，广义的生活方式包含的方面很多，甚至我们可以说人类在社会活动中的全部都在其范围内。具体来说主要包含以下几个大的方面，如图 3 -2 -1 所示。

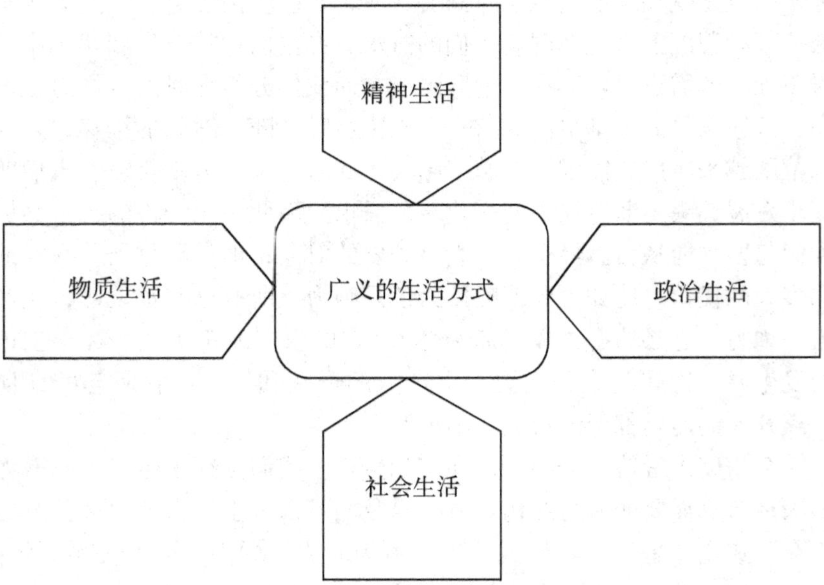

图 3 -2 -1

（二）狭义的生活方式

与上文中我们所说的广义的生活方式相比，狭义的生活方式所包含的范围要比广义的生活方式所包含的范围要小一些。具体来说主要是指人们消费的水平与结构。

随着时代的发展，科学技术的不断进步为人类的发展提供了很大的便利，同时，也为人们的生活提供了各种方便，人们在享受这种便利带来的物质变化的时候，我们可以发现，人们逐渐开始重视生活方式的改变。很显然，体育运动在其中所起到的作用是不可忽视的。

通过大量实践我们得出一个结论，新的生活方式并不随着社会物质财富的增加而自发形成，它需要国家、社会、个人共同付出努力，通过扬弃旧的、不良的生活方式，创立与本国实践相结合的新的生活方式，来促进我国广大群众体育生活方式的形成。

二、体育生活与生活方法的关系

实际上，我们所接触的体育与我们生活之间的联系是非常紧密的，主要表现在以下三个方面。

（一）生产方式对体育的影响

某一特定时代中其生产方式是固定的，实际上，生产方式并不是固定不变的，它会随着生活水平的提高而发生相应的变化。拿 20 世纪以后的前 30 年来举例说明，这 30 年中科学技术的传播可谓是非常迅速，正是得益于科学技术的存在，才使得人类在一些领域取得了非常大的成绩，相比来说，这比人类在原始社会生活 2000 年里所获得的成果还要多，这实际上就是生产方式的变化所带来的结果。

尽管进入 20 世纪的前 30 年我们已经收获了很多，但是人们并不满足于此，还在潜心研究，使科技不断向前发展。随之而来的便是用更少的体力劳动来换取更多的价值创造。下面一张图的比例就能够清晰地看出在不同的时代脑力劳动者与体力劳动者所占百分比的不同（图 3 -2 -2），同时我们也能从中看出科技带给我们生活的变化。

从上图中我们能清楚地看出，在不同的阶段脑力劳动与体力劳动所占的比例是明显不同的，并且越是科技条件发达的时代，脑力劳动所代替体力劳动的比例就越大，体力劳动的人将越来越少。

随着这种生产方式的改变，很多行业的工作人员开始在生理和心理上产生了新的压力。在一些自动化生产的车间或者办公环境中，工作人员所做的是一天的工作时间内不停地重复一个简单的动作，虽然每个人的工作内容是不同的，但是这一条长长的生产线中缺少其中任何一个都是不可以的，时间长了员工就会产生厌倦感，同时对生产效率也会产生一定的影响，不利于生产力的提高。

从另一方面来说，由于工作人员每天所面对的都是同一件事物，堆积的时间长了就会由最初的厌倦逐渐转为反感，看到这些工作内容就会觉得

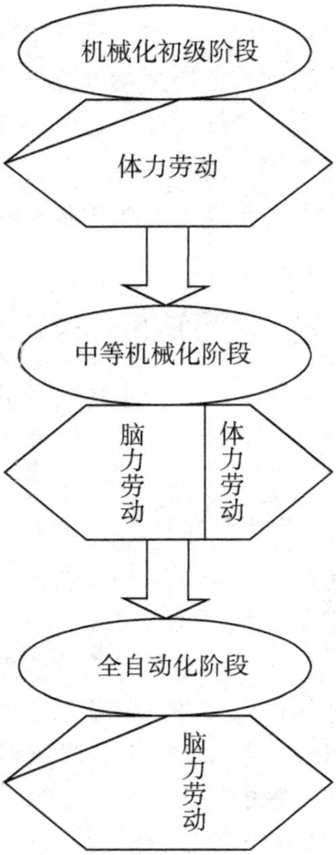

图 3－2－2

自己很压抑，长此以往，在工作人员的内心就会形成一些像抑郁等心理疾病。

此外，这种流水线式的工作对人身体的危害还表现在运动骨骼与肌肉上。一般情况下来说，从事单一流水线工作的人员，每天所重复的动作都是一样的，大部分时间除了站立和坐这两种状态之外，身体的其他部位都处于静止状态中，而这些处在静止状态中的骨骼和肌肉由于长时间得不到锻炼就会使身体的机能逐步退化，导致身体出现病变。

虽然，这种工作状态与人们所追求的健康的生活方式是相背离的。所谓健康的生活方式主要是指工作与娱乐生活完美结合的一种生活方式，这种生活方式在工作之余进行一些适量的体育运动，不会使人觉得有压力。于是，一种新的活动方式逐渐出现在人们的生活中——体育运动。

随着时间的推移，人们所追求的这种生活逐渐得到实现，从一些发达国家所开展的体育活动中我们就能够看出来。通过我们对这种生产方式的分析可以发现，实际上国与国这种不断向前发展的过程中，有很多相类似的地方，如果在发展的过程中我们能够借鉴这些国家的发展经验，那么我们就可以在关键的时候获得更大的突破。

（二）生活方式对体育的影响

这里我们所说的生活方式主要针对不良的生活方式而言，从中我们可以发现，这种对体育发展的影响主要表现在两个方面。下面我们对其进行详细分析。

1. 社会发展提供的便利

在当前社会中，我们经常能见到一些这样的现象，一些人忙于工作，导致放在工作上的时间太多，早餐、晚餐更甚至是午餐的时间都很紧，只是简单用一些快餐来代替，但实际上，人身体所需要的营养这些快餐是满足不了的，长时间这样就会对身体产生很大影响。

太多繁忙的工作，使得工作中的人没有时间去运动，工作了一天时间，其身体急需休息来得到缓解，而休息之后刚刚得到缓解的身体已经不想再去参加任何运动来减轻身体的负担，由此而带来的结果就是身体逐渐肥胖，关节得不到锻炼也会消磨其功能。这些也就是我们所说的科技的迅速发展所带来的文明病。

上文中我们所说的这些都是新时代中我们所要面临的一些社会发展给我们带来的弊端，但是这些终究是无法避免的，而通过体育运动的方式我们能尽量减少这种社会发展给我们带来的伤害。相关学者开展了一项对人压力（生理压力与心理压力）的调查，表现在这两个方面的疾病如图 3－2－3 所示。

图中我们所出示的这些就是在各方面的压力下，人们身体所面临的各种疾病，相关调查表明，这与缺乏运动有着非常紧密的联系。在这里有一点我们还要着重提一下，以便能够引起人们的足够重视，在日本曾经由于过大的工作压力导致了“过劳死”的记录，从其名称上我们就能非常清晰地看出，这是由于劳动力强度过大，没有使工作者的身体得到充分休息而导致的死亡，但是，如果在长时间的工作中加以适量的体育运动则会适当缓解这种疲劳，放松工作者的心情。

如今，现代生活节奏不断加快，传递给人们的负担也逐渐增大，在这如此大的压力下，人们的精神方面已经开始逐渐发生变化。各种文明社会残留的“疾病”开始蔓延，面对这些疾病，无论是再先进的医疗技术都无能为力，而体育运动则可以有效改善这种现状，也正是因为如此，体育运

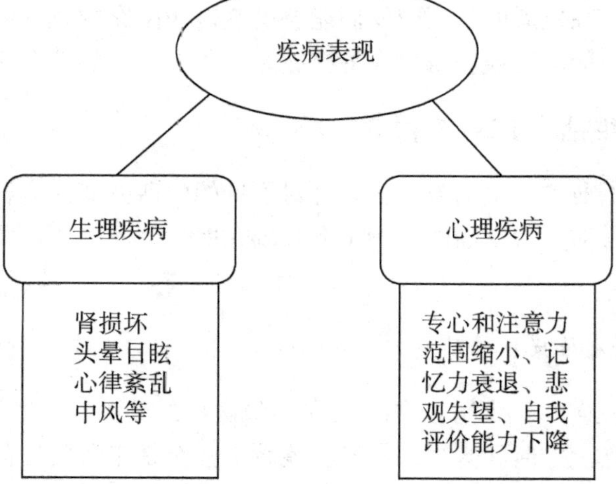

图 3-2-3

动才得到了充分重视，这是未来文明社会发展的趋势，同时也是我国体育重新确立其地位的关键时期。

2. 生活方式抑制体育形成

对于生活方式来说，我们可以将其划分为多种类型，比如说良好的生活方式与非良好的生活方式，上文中我们所提到的一些将人长时间置身于一个高强度的工作环境中得不到休息，就属于非良好的生活方式；而加入适当的体育运动使机体得到舒缓释放，则属于良好的生活方式。

对于生活方式到底是不是良好，我们从人们对于业余时间的支配上就大概能看出来，如表 3-2-1 所示为资料统计的在 1996 年与 2000 年时我国城乡居民业余时间支配意象调查，以供读者分析。

表 3-2-1　我国城乡居民业余时间支配意象

排序	1996 年	2000 年
1	看电影电视	看电影电视
2	阅读书报	阅读书报
3	参与体育	会客聊天
4	参与公益活动	棋牌活动
5	旅游	体育活动

从上表中我们能看出，体育活动在这些年的发展中所占的比例并不是

很大，虽然人们有更多的业余时间，但是从表中以及一些实际的调查数据中我们即可看出，观看一些电视节目与阅读书报的时间占的比重比较大，而体育活动只是象征性地参与，并没有花费太多时间。并且从体育运动参与的地域上来看，一些地域对体育运动并没有足够的重视，实际上这也是我国体育运动发展不均衡的主要原因。

第三节 社会体育与大众健康

一、健康的概念

这部分内容中我们主要针对健康的两个相关内容进行分析，具体如下。

（一）健康的定义

对于“健康”这两个字，不同的人有不同的理解，并且人在处于不同的历史时期时对健康的理解也是不同的。从时间上来看，大概是在1930年之前，人们普遍认为主要身体没有疾病的出现，能够正常生活，那么，这就可以称之为健康。而随着时间的推移，一直到1948年才对健康有了一个明确的定义，除了上文中我们所说的1930年之前对健康的定义之外，还加上了包括心理健康的各个方面，如果人在生理以及心理都处在良好的状态中才能称之为健康。世界卫生组织对健康全面的定义使得人对健康有了新的理解与认识，使得人们对自己身体是否真的健康有了全新的概念。

（二）健康的标志

对于健康很多人都不知道到底什么样才是健康，一般健康有以下几种表现，这也是WHO曾提出过健康的10条标志。

（1）应变能力强，能适应外界各种变化，具有抵抗一般疾病和传染病的能力。

（2）皮肤有光泽、有弹性，肌肉丰满，走路感觉轻松。

（3）有充沛的精力，能从容不迫地应付日常生活和工作而不感到有精神压力和过分紧张。

（4）眼睛明亮，反应敏锐。

（5）体重适当，体态均匀，身体各部位比例协调。

（6）处世乐观，态度积极，乐于承担责任。

（7）牙齿清洁，无龋齿、无牙痛，齿龈正常无出血。

（8）善于休息，睡眠良好。

（9）事无大小，不挑剔。

（10）头发有光泽而少有头屑或无头屑。

上文中我们所说的这十个方面，就是判断人是否处在健康状态中的标准。根据自己身体所呈现的状态来判断是否与这十个方面相吻合，即可大致判断出身体是否健康。此外，还有一些学者对健康的标准进行了分类总结，分别是“五快”和“三良好”，其细致内容如图 3－3－1 所示。

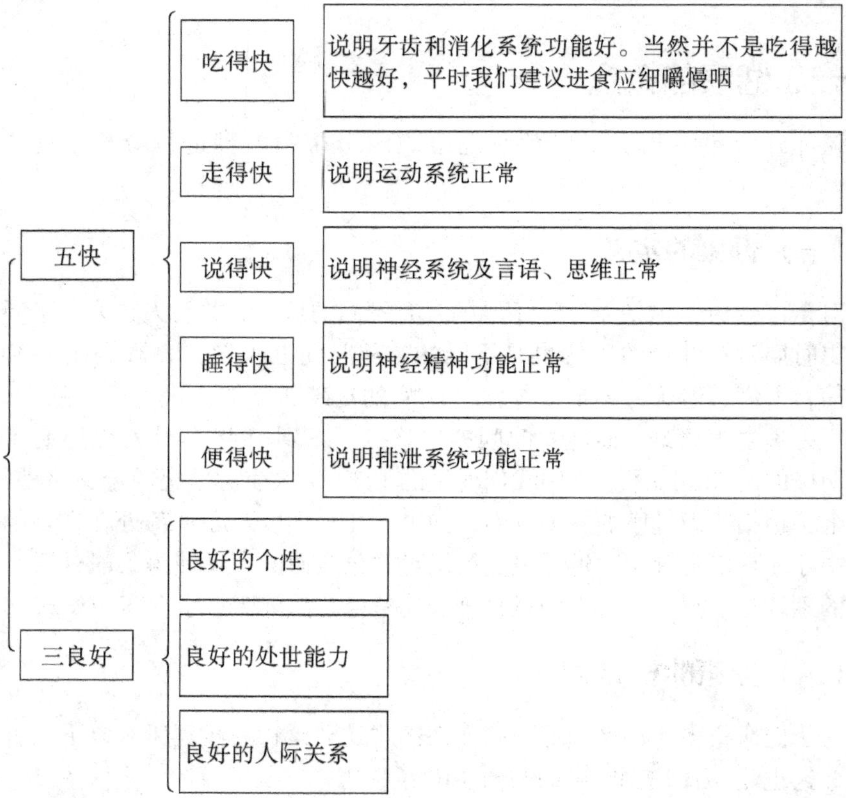

图 3－3－1

上图就是一部分学者所总结的人身体是否健康的标准，参照这个标准我们就能更好地去判断某一阶段中身体的健康程度。

二、目前威胁人类健康的几个方面

从当前的发展形势来看，威胁人类健康的因素主要表现在五个方面，具体如下。

（一）心理与精神疾病

这里我们所说的心理与精神疾病，从某种程度上来说有共通之处，一个人如果长时间处在强大心理压力的状态下，在其日常生活中就会逐渐出现幻觉，久而久之，其精神就会处在非正常状态中，形成所谓的精神疾病。

在现实生活中，有一些人可能心理上存在某些障碍，比如说有些人对光和热不敏感等，这些实际上是在心理障碍的范畴中，如果在早期发现之后得以治疗，这种心理障碍就会得到缓解，从而恢复到健康的状态。但是，如果发现时间晚且不加以重视，长时间这样任其发展，就会形成最终的心理障碍或精神疾病。

（二）高血压与心脑血管疾病

当今社会中高血压患者已经非常多，从一些医院所收集的数据中我们也能够非常清晰地看出。高血压对人身体的危害很大，严重的可能对生命造成危害。据相关数据统计，全国范围内，高血压患者占所有疾病中一大部分，并且，这种病是随着年龄的增长而逐年增加的。从另一方面来说，高血压也是造成心脑血管疾病的隐患。

（三）传染病

可以说，传染病是一种传染速度非常快的疾病，有些时候其传播速度会让我们无法想象。在现实生活中，有一些传染病我们束手无策，但是大多数情况来说，还是可以得到有效控制的。

从时间上来看，1949 年以后，大部分传染病的种类已经得到了控制，并且在大范围内流行的传染病并不多见，也正是因为这样才使得人们对传染病的预防开始减弱。我们需要特别注意的是，传染病并不是一个被传染上就可以马上康复的病，我们要在这个病来临之前就对其进行有效控制，以免其传染范围的扩大。

虽然，大部分传染病已经得到了有效控制，但是一些较为顽固的疾病还是比较猖獗。比如说乙型肝炎和丙型肝炎，对于这两种传染病的我们并没有找到更好的控制方法，其传染的速度也并不乐观，缺乏有效的治疗手段。还有一些疾病虽然在之前采取的手段中使其灭绝，但是近些年却发现了死灰复燃的现象。从大范围上来看，目前，人类所面临的传染病种类已经很多，但是随着人类生活方式等因素的改变，还有出现新的传染病的可能与趋势。对于这些能够成为威胁我们生存与生活的因素，我们一定要提高警惕，预防在其发生前。

（四）糖尿病、脂肪肝与肥胖症

很多人对糖尿病存在一种误解，认为它是在日常生活中所使用的甜类物质太多而引起的，事实上并非如此。糖尿病是因为人身体的器官——胰腺不能正常工作（分解糖份）时体内的糖分留存过多所导致的，对于这一点我们要十分明确。

脂肪肝患者一般在时常饮酒的人群中更为多见，对于这种疾病实际上我们是可以预防的，在生活中有饮酒喜好也同时患有这种疾病的患者，可以通过少饮酒的方式来对其进行缓解治疗，如果习惯性饮酒还没有出现此类疾病的症状，那么，在日常生活中就要适当减量，以防止此类疾病的出现。

对于肥胖症很多人都不是很在意，认为胖一点没有关系，胖一点会觉得富态，但实际上并不是这样的。上文中我们也说到由于工作时间较长，下班回家之后所有的时间都想用静止来获得休息，一天中除了工作，所有的时间都使机体处在静止状态中，很容易产生肥胖。在这里我们一定要明确肥胖到什么程度才是肥胖症患者，一般情况下，一个正常成年人的标准体重是用其身高减去100之后乘以90%所得出的结果是标准体重公斤数。举一个例子来说，一位身高160cm的正常女性，其标准体重的正常值计算方法如下：

$$(160-100)*90\%=54\text{kg}$$

由此我们便可以得出，一位身高160cm的正常女性标准体重为54kg，如果其本身的体重超过标准体重的20%（例子中54kg的20%），此时则为轻度肥胖，如果超过50%则为重度肥胖，这里我们所说的肥胖症患者都是高于自身体重50%的。

针对上述三种疾病，科学研究提出了合理化的建议：多参加一些体育运动；全方面摄入营养，不暴饮暴食、不酗酒；养成合理、规律的生活方式。

（五）肿瘤

通常情况下，肿瘤可分为两种，一种是良性肿瘤，一种是恶性肿瘤。一般，良性肿瘤虽然存在于人体内部或者是人体皮肤的表面，但是不会对人体造成什么损伤，只是吸收一些人体所需要的营养维持其细胞体生命而已，而恶性肿瘤却不止如此。

相关资料显示，恶性肿瘤的发病多集中在40岁以上的中年人群中，有一些肿瘤病也可能发生在老年人群中。随着肿瘤的不断扩散，近些来我们可以发现，其病情已经影响到了青年人，虽说青年人身强体壮，但是对于一些比较奇特的恶性肿瘤来说也是毫无抵抗力的。

三、社会体育对人健康的影响

社会体育对人身体健康的影响，主要表现在全面促进人体健康这个层面。实际上，这里我们所说的社会体育对大众健康的影响不仅仅是表现在生理健康方面，同样表现在心理健康和社会适应性这两个纬度上，对大众健康的影响是全方位的，下面我们对其进行具体分析。

（一）对人心理健康的影响

人的心理是不是健康我们有一定的评判标准，一般能够满足以下几个标准（图 3－3－2）的我们则认同这个人的心理是健康的。

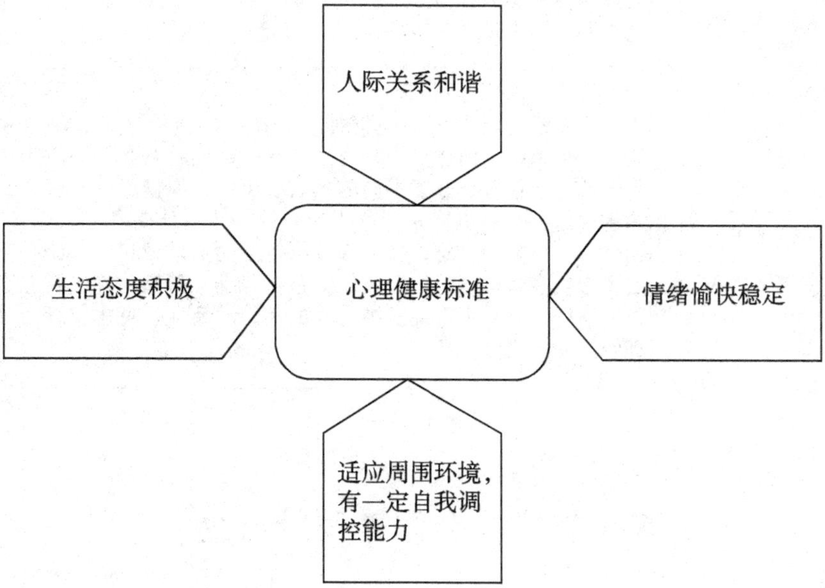

图 3－3－2

在进行体育锻炼的过程中，如果我们片面地看待问题可能会将其理解为单纯的肢体运动，但是实际上任何体育锻炼都是肢体、思维、心理等相互作用的结果。

（二）对人生理健康的影响

从整体上来看，社会体育对人生理健康的影响主要表现在三个方面，具体如图 3－3－3 所示。

神经系统	大脑是神经系统的主要器官，大脑皮质是人类精神活动的主宰，它的机能状态对人体各器官的生理、病理过程起决定性作用，如长期对中枢神经系统作恶性刺激，会使兴奋、抑制失去平衡，诱发心脏病、高血压、癌症等。锻炼可以消除紧张消极情绪，缓解紧张状态，使人们没有紧张压迫，感到舒适、愉快。
肌肉与骨骼系统	人体由 600 多块随意肌组成，总重量占体重的 40%，肌肉保持骨骼并支撑身体，配合运动。在生长发育期从事运动，骨性结构上显著变化：骨干变粗，骨密质加厚，关节更坚固有力；运动能有效增加胸廓的宽度，关节软骨的厚度；结缔组织、细胞间质营养性肥大。增大了肌肉和韧带体积，使运动系统的抗压能力和牵张力量进一步增强。
平衡系统	人体主要系统有：脑和中枢神经系统、心血管系统、呼吸系统、免疫系统、消化系统、内分泌系统、运动系统、泌尿生殖系统等，包括各自分工不同的器官、组织。要健康的身体，必须主要保持三个机能系统的平衡。第一个系统是呼吸、循环、消化、性机能等，是人体最基本维持生命活动的机能系统。第二个系统掌管运动的机能系统，包括骨骼、肌肉、神经及五官机能系统。第三个系统是维持人的情绪、反应、意志、智力等神经活动的机能系统。

图 3－3－3

第四节　社会体育与社会文化

一、文化的定义

文化与前文中我们所说的生活方式类似，对于文化的定义我们也将其划分为狭义与广义两种，其定义间的区别如图 3－4－1 所示。

广义的文化	指人类所创造的物质财富和精神财富的总和及其创造过程。人类从野蛮到文明靠的是文化，从原始的人到社会的人，也靠文化来培养。
狭义的文化	民族的文化和精神从根本上制约着社会能否良性运行和协调发展。体育作为人类特有的物质与意识活动，其形成和发展必然受到文化的影响与制约，因为文化从根本上制约着一个民族的生活方式、信仰、价值观、行为规范等。人们对体育的需求，动机的形成，进而参与体育运动，每一个环节都离不开文化这个宏观大背景。研究民族文化中哪些因素是有利于人们去参与体育运动，哪些文化因素不利于人们去参与体育运动，研究相应的对策，从而引导人们广泛参与到社会体育中来。

图 3－4－1

二、社会体育与社会文化之间的关系

社会文化与社会体育之间的关系主要表现在三个方面。下面我们对其进行详细分析。

（一）体育意识观念

西方体育价值观念，在经过文艺复兴运动之后得到了极大的改变。它继承并超越了经验主义的樊篱，提倡科学与实验，以分解、分析的现代科学手段来重新审视古希腊的思想，导致西方大众体育的大兴起。18 世纪著名思想家伏尔泰的名言“生命在于运动”，以及拉马克的“用进废退原理”学说，都是这一时期思想的精华，从观念上致变了人们对体育的认识，导致大众体育的兴起。而我国一直继承着古代的思想，一脉相承，没有在思想、方法和手段上的进一步发展，所以因循守旧，停步不前。从深厚的民族文化土壤里培育的传统体育生活方式和心理积淀，制约着我国体育生活化的进程。中国文化价值体系中的“知足、安贫、不争、克己和万般皆下品，唯有读书高”等一系列固定的文化心理模式，支配着人们的生活意识、观念和行为。

通过实地调查研究我们发现，在很大一部分人的思想中还存在“劳动＝体育”的观念，实际上这种观念是我们所不提倡的。事实证明，虽然我们进行了一天的体力劳动，但是这些劳动与体育运动并不是一回事。在经过体力劳动之后参加适量的体育运动能够缓解机体疲劳，使之精神愉悦、精神焕发。

虽然这种观念已经深深停在一部分人的思想中，想要转变这种观念有很多阻碍，但是相信时间能够帮助我们矫正这样的观念。同时我们还需要对体育与体育生活的相关内容多加了解，加深对体育的理解，做一个有素质的现代人。

（二）发展时机的出现

我国特有的养生思想及民族中优秀的传统体育文化，已经深深扎入我国人民心中。现在的中国与千百前闭关锁国的中国已经完全不同。现在，在中国走向世界的今天，我国的民族文化也正在向世界迈进，并与世界文化的交接、融合趋势已势不可挡。在现代体育方面，西方发达国家的健身思想、内容、方法远远超出我国。

伴随世界化的进程，西方体育文化将逐步传入我国，并进一步影响我国人民生活的价值观和生活模式，在文化的对接过程中如何积极引进国外大众体育优秀成果和丢弃国外体育文化中的糟粕，并与我国实际情况相结合，逐步树立现代人新的体育生活方式将是我们面临的挑战。在我国改革开放，经济形势全面好转的历史背景下，传统文化价值体系与西方文化相互接触撞击和交融，赋予体育生活化以新的价值取向。在这次文化对接中，只要合理把握好两种文化的特征，社会体育在我国必将蓬勃发展。

我国民族传统文化思想有很多观点，这是众所周知的，其中一些观点，如中庸和平、以静为主、重智力、轻体力等束缚了一部分人去从事社会体育运动与其他文化系统相比较，不难发现中国人具有和平、文弱的性格，这是中国文化“中庸和平”这一特征的表现与反映。与西方的“好战健斗”相比，中国文化不仅在人与人之间，而且在国与国之间的关系上，都表现为雍容、和平、温良的品格，这与体育运动主张的竞争性和激烈的对抗性是不相符合的，这种与体育相违背的文化思想严重束缚了人们从事社会体育运动。在中国漫长的封建社会里，始终贯彻“劳心者治人，劳力者治于人”的原则。封建士大夫阶级从启蒙教育开始，即被儒家伦理、四书五经所淹没，“学而优则仕”是人们的座右铭，读书做官则是他们终身为之奋斗的目标。

重文轻武，蔑视体力劳动和体育运动成为社会风气，把有益于人们身心健康的体育运动视为“下技末务”，主张“损人间之末务，息田猎博弈之游戏”。重智力、轻体力、重文轻武，在封建统治阶级的大力倡导下，最终形成一种社会现象。体育运动在我国封建社会遭受冷落，封建体育文化也没有摆到应有的位置。几千年的封建文化残留仍深深烙印在广大人民的心里，传统的一些落后思想文化仍严重地抑制人们去从事社会体育运动。

第四章　社会体育与终身体育

终身体育是指一个人终身进行体育锻炼和体育教育。终身体育标志着社会的发展和进步。儿童青少年、老年运动、妇女运动、残疾人运动，各年龄段、运动队都有其特殊的生理和心理特点，所以其身体任务、指导方法也不同。

第一节　终身体育概述

一、终身体育的概念

所谓终身锻炼体育，是指一个人一生中进行体育锻炼和接受各种体育教育。在日本，这种体育方式被称为“生涯体育”。

终身运动的含义主要包括两个方面内容：一方面，从一生的开始到生命结束的整个生命持续参与体育运动的过程，使其成为生活中的重要内容；另一方面，在终身体育思想的指导下，体育系统化，融入目标，在不同时间、不同生活环境都积极参与体育实践活动。

二、终身体育的意义

终身体育的产生，标志着社会的发展与进步。终身体育对社会的发展有着促进作用，同时也说明社会的发展需要终身体育来支持。

（一）有利于全民体育活动的广泛开展

在现代社会中使用的大规模群众运动组织形式，极大地阻碍了社会运动的发展。生活的各个阶段是体育教育的实施的具体表现，社会运动意识的提高，体育运动的意识提高，形成有意识的运动文化活动，促进群众运动，提升群众进行体育锻炼的兴趣，促进文化交流。这种大规模的体育活动是普及体育活动的真正意义。

（二）为学校体育教育改革增添了活力

终身体育教育认为，参加体育运动是通过体育的练习来形成运动的习惯，在他们的生活中有意识地进入自己的体育生活。但长期以来，我国学校的体育教学是传统强调教师的“教学”和学生的“学习”，对于学生没有足够的关注，也就是说，学生在社会中必须掌握一定的生存技能，教师不教，学生便不能很好地适应社会，教导学生时，教师所教授的很多内容在学生进入社会都没有使用的机会。终身体育课程着重培养学生对运动的兴趣和锻炼习惯，注重教导学生掌握体育运动知识的基本理论体系和科学方法与方法的检查评估，形成终身运动意识、思想和能力。这在一定程度上为学校体育教学改革注入了新鲜血液，增强了学生的运动能力。

（三）适应社会发展和未来生活的需要

终身体育是现代社会和未来生活的需要。由于现代社会中的劳动力是由不同年龄的人组成的，每个人都面临生活各个方面的压力，使身体和精神健康受到了严重影响。为了满足现代社会发展的需要，有必要使身体保持最佳状态。在不同的生活阶段选择不同的体育锻炼内容，这种生活与运动的发展融为一体，这就是“终身运动”。并且参与体育锻炼在不同年龄组中的表现形式是不同的，它不仅可以扩展社会圈，还有助于增加知识的多样性，增强社会交际的能力，使人们的生活变得更加健康、快乐。

第二节　儿童青少年体育

不同群体的身体和心理特征存在很大的不同，对社会运动的需求也会表现出不同的形式。儿童是社会体育活动的重要参与者，对儿童和青少年社会体育活动的组织和管理的研究，是社会体育建设的重要组成部分。正因为如此，本节将分析和研究儿童和青少年体育活动的组织管理。

一、儿童青少年的身心发展特点分析

根据少年儿童的年龄阶段，可将其分为儿童期和少年期。在不同的阶段，少年儿童会表现出鲜明的身心发展特点。儿童期一般是指6—12岁这一年龄阶段的人，而少年期则是指12—17岁这一年龄阶段的人。

（一）儿童期的身心发展特点

1. 儿童期身体发展特点

（1）儿童的身体还处于生长发育阶段，身体的功能不稳定，骨骼弹性较大，硬度相对较高。因此，在这个阶段的人不容易骨折，但骨骼容易发生变形，进而使儿童的身体发育不协调。

（2）在这个阶段，儿童关节的柔韧性会比较好，因为它的关节囊比较薄，韧带比较松弛。然而，这种关节的特点也使其不坚固，容易脱位。

（3）儿童肌肉更细腻，含水量高，营养成分较少，肌肉力量相对较弱。这种儿童肌肉的特点使得他们的耐力较差，但恢复的速度较快。

（4）在这个阶段，人体的生长速度较快。随着物质生活条件的改善，许多儿童有超重的趋势。儿童有能力从事各种复杂的身体活动，并具有高水平的智力。

2. 儿童期的心理发展特点

在儿童期，人的思维方式开始过渡到逻辑思维。并且，随着知识水平的不断提高，其思考也表现出一定的独立性和灵活性。

（二）少年期的身心发展特点

1. 少年期的身体发展特点

在青春期，生长速度，指标有明显的物理变化。但是随着身体的成长和不断发展，男女之间表现出明显的差异。在这个阶段，人体身高的增长保持在相对较高的水平上。

2. 少年期的心理发展特点

随着幼儿各种生理功能的变化，他们的心理也会相应改变。在这个阶段，青少年的抽象思维和独立学习能力会得到提高，但他们的自控力较差，而且意识水平相对较低。

二、儿童青少年体育健身活动的选择

（一）儿童体育活动项目

为了促进儿童的成长和发展，改善他们的身心健康，有必要进行适当的体育锻炼。适当参与体育活动，可促进儿童的健康成长。

体育是我国教学的重要组成部分，在儿童的成长和发育中发挥着重要作用。为了促进我国小学生的全面健康发展，必须掌握基本技能和技术。但是，在考试导向型教育的影响下，我国体育教育存在诸多问题。很多学校的体育教育不能充分调动学生的热情，因为学生的体能和体育训练也缺乏专业知识。

在社会体育发展建设的过程中，必须根据儿童身心发展的特点，科学选择和设计相应的体育用品。

儿童健身活动应更注重娱乐性的运动，特别是在体育教学过程中，我们应充分利用业余时间对孩子的兴趣进行相应的体育活动指导。发展体育活动的目的之一是使学生能够加入并发展他们对运动和爱好的兴趣，在这个基础上发展他们的运动能力和技能等。

（二）少年体育活动项目

在青春期，身体和头脑处于快速发展的阶段。因此，它们的生长和发育具有很大的可塑性。这一阶段的身体和心理发展状态，与身体、精神状态以及个性特征有很大关系。

在体育教学的过程中，教学大纲相关方面的教学内容，会受到教育系统、体育教育和课外体育活动的影响，并没有发挥应有的作用，甚至部分体育课时间也要被其他科目占用。由于学习压力的增加，许多学生会减少课外体育活动的时间。因此，很多学生没有健康的体魄，这严重影响了未来的发展。

在组织和发展相应的体育活动中，应该根据学生的实际情况，有选择、有目的地进行体育发展。体育活动应尽可能弥补学校缺乏体育教育的短板，并尽可能使年轻人参与全身体育运动。提高他们的生长发育水平，提高他们的身体功能、身体素质、心理素质，促进学生身心健康发展。

青年学生可以进行一些负荷比较大的运动，并且有一定程度的运动竞争和对抗，如一些大型的球赛。在进行运动时应该积极引导他们，使他们能充分体会运动的乐趣和快乐，从而培养运动的习惯，并最终形成终身体能训练的观念。

三、儿童青少年体育健身指导

（一）正确指导儿童的体育活动

1. 有目的、有意识地加强体育兴趣的培养

儿童不参加体育活动和锻炼，原因就是他们的兴趣点不在体育锻炼上。因此，在儿童体育活动的组织和设计中，必须有意识地加以指导和教育。在进行相应的活动时，我们应该注意负荷的安排应该适当，并且在“游戏”期间保证儿童不受运动损伤的困扰。这样便会提高儿童参与体育活动的兴趣，形成体育运动的意识，促进儿童的全面发展。

2. 重视家庭体育的作用

儿童在学校体育活动中的体力活动相对有限，对儿童体育锻炼的影响不明显。因此，家长要注意开展家庭体育活动。这不仅能促进儿童与父母之间的情感交流，而且能使孩子更好地锻炼身体，在儿童的全面发展中发挥着重要作用。

在日常生活中，家庭运动和体育课以及课外体育活动将能够结合各种形式的运动形成互补的优势，以更好地发挥各种体育活动的功能。它在促进儿童的身体健康、促进儿童的成长和发育、发展儿童运动技能以及改善儿童参与身体活动方面，具有重要作用。

3. 科学合理地组织体育健身活动

在小学生体育教育的组织和设计中，要确保体育的安全性和科学性。其科学性质要求组织体育活动时应以儿童的心理特征为基础，促进儿童的全面发展。在组织的活动中，还要确保科学合理的运动负荷，运动强度不应过大。运动技术在运动中的应用应基于基本动作技术，以避免运动技术的复杂性。进行相应的体育锻炼应该使学生理解和掌握体育运动的基本知识，并培养运动的意识和习惯。

由于儿童处于成长和发展的阶段，身体相对脆弱，其自身的安全和自我保护意识相对较弱。因此，在体育活动的组织和发展中，要注意安全工作，确保儿童在各方面的安全。

（二）正确指导少年的体育活动

1. 增强体育健身意识，培养体育兴趣

随着年龄的增长，人们对体育活动的态度也会改变。在这个阶段，人们开始有意识地进行体育锻炼，具有强烈目的的体育活动，以及竞争性运动技术的相应运动。这个阶段也是掌握和改进相应运动技术的重要时期。

青少年应注意其体育活动的指导，以满足他们相应的体育需求，在其体育活动的身体和心理特征发展基础上，使青年学生乐于参加相应的体育活动，激发和发展学生的健身意识，为他们未来的体育健身或运动打下基础。

中国少年学生的学习压力，学习负担更重，从事体育活动的时间更少，很难实现运动的乐趣，使很多学生参与体育运动的热情消退。如果这种情况继续下去，将形成恶性循环。因此，我们应充分利用学生的空闲时间，培养他们良好的锻炼习惯。

为了促进学生青少年身体健康状况的改善，培养学生对运动、体育场馆和设备的兴趣，应对空闲时间进行相应的安排，使学生在有限的时间内充分体会健身的喜悦，提高他们体育参与的热情。

2. 重视学生对体育健康保健知识和运动技能的掌握

在青少年期间，随着学生身体的不断发展，他们的知识储备也迅速增加。在这个阶段，我们应该注意学生的体能知识，注意他们对运动技能的掌握，掌握相关的知识和技术将有利于学生的生活。

我国学校体育教育注重学生的基本知识和基本技能，这种教学方法有其自身的优势，但也有自身的缺点。具体来说，这种教学方法忽略了学生群体的差异，有体育潜力的学生并没有真正掌握更高水平的运动技术，这不利于他们的未来发展。此外，由于医学院的保健知识传授较少，加上学生掌握的行动技术比较简单，毕业后很难进行相应的体育教育。

在教学的过程中，学生应该能够掌握技术动作，并能够在进行身体锻炼的过程中使用它们。另外，学生应加强体能知识的学习，使学生养成科学、健康的体育锻炼习惯，运用体能知识进行体育锻炼。

3. 注重培养学生良好的思想品德

青春期是形成价值观、学习态度等的重要时期，应注意培养他们的道德观念。体育不仅使学生运动技能和知识培养得以改善，而且是他们心理

也得到全面的教育。因此，在教学过程中，我们应该运用和创造各种条件来培养学生在这方面的素质。活跃的学生在体育活动和体育比赛中的情感体验是非常有必要的，针对性的教育为学生提供了更加有利的条件。

通过开展相应的体育比赛，可以发展学生积极进取的精神，团队合作意识、守法意识等。此外，体育运动还应发展学生乐观、自信的人格特点。

第三节　中老年人体育

随着中国经济和社会的不断发展，中国老龄化人口不断增加，中国逐渐进入老龄化社会。在这种情况下，研究老年社会体育活动的组织和管理，将能够更好地促进我国老年人的身心健康，对促进我国社会主义和谐社会的建设起到重要作用。

一、中老年人的身心发展特点

（一）中年人的身心特点

中年人一般指的是35至60岁的人。这一阶段的人具有鲜明的特点，他们在工作和生活上有丰富的经验，职业取得了一些成绩，许多人成了工作的重要支持因素。但是，在这个阶段，身体功能各方面的衰退，在工作和生活的压力下，许多人陷入了多种疾病的困难时期。

中年人的身体功能逐渐开始从高峰下降，各方面的身体功能和能力也呈现下降趋势。中年人开始失去能量，很多人开始增重，体力也明显下降，运动后出现的运动疲劳不容易恢复。

中年人心理成熟，经验丰富，但在工作、生活方面存在很重的心理压力，因此可能会出现相应的心理失调，如抑郁、神经衰弱、失眠等症状。随着年龄的增长，精神疾病和身体疾病的发病率将有所增加。

（二）中老年人的生理、心理、社会特征

1. 中老年人的生理特征

（1）中年人的一般生理特征

中年是一个很大的年龄段，很难充分和准确地总结出中年人的身体特征。但其身体的形态、结构和生理功能都发生了很大变化，其身体功能的物理质量也会发生相应地变化，随着年龄的增加，身体的能量逐渐减少，

各种疾病流行率随年龄增加而增加。

因为根据身体的发育过程，身体在 20 岁时开始达到平衡期，直到 35 岁，功能没有意识到必须改变。35 岁以后，身体某些器官的功能开始下降，下降速率随着年龄的增长而加快。在身体形态、身体功能、身体素质等方面逐渐下降。身体功能下降将导致对各种疾病的抵抗性降低，面对家庭和社会方面的巨大压力，中年人通常会表现出更年期综合征、精神抑郁等，给疾病的入侵也创造了一定的病发条件。

（2）老年人的一般生理特征

进入老年后，受生物体生命过程自然规律的影响，在形态、结构和生理功能上表现出明显的老化现象。老化现象不仅具有个体差异的特征，身体的各个部分不是同步的，不容易检测渐进式的疾病，而且具有普遍性，内在性、进行性、有害性、单向性。但随着年龄的增长，人体细胞各种器官和组织的结构和功能呈现退化的现象，这不可避免地会导致组织整体水平的老化和生理功能的下降，使老年生理水平下降，易患疾病。这种体力活动的下降、运动障碍等问题，一直困扰着老年人的生活。

2. 中老年人的心理特征

心理现象是基于身体的另一种表现形式，也是在社会环境中产生的。关于老年人心理特征的相关问题，主要是从个人与个人之间的关系和社会变化两个方面进行研究。

（1）中年人的心理特征

随着中年生理成熟度和生活经验的增加，社会经验不断丰富，心理活动会呈现出比较平稳的态势，外部环境和自己的理解相互矛盾，也表现出稳定的心理状态。加强自我控制行为和外部环境适应性，中年的个体行动也会呈现出更加合理的现象。由于晚中年“更年期”现象出现在生理学上，各种家庭变化导致“空巢综合征”，身体上的一些障碍引起的“失落感”等因素，很容易导致“中年危机”。

（2）老年人的心理特征

由于神经系统，特别是脑的变化和感觉器官的出现，感觉能力的第一表现就是记忆力下降。但是老年人也有自己的知识和生活经验，所以在观察问题时，考虑问题比较周到、全面，在一定程度上弥补了感知能力的缺失以及记忆衰退带来的负面影响。但是在情绪上由于身体健康的下降，容易产生孤独、抑郁、空虚感、焦虑等，在情绪表达和态度上会有一些负面的变化。

3. 中老年人的社会特征

对于中老年人的研究，最初侧重于生理和心理学，后来扩展到社会学方面。人们越来越意识到不同年龄段的社会个体，个人与社会的关系也显示出阶段的特点。这些特征对人们的心理和行为有重要的影响。

（1）中年人的社会特征

根据心理学家的研究表明，个人认知能力的生理功能和接受能力缓慢下降，会造成社会适应能力的下降。因此中年人一般不会轻易改变职业角色，这在一定程度上反映了中年人个人和社会关系的加强。此外，中年人必须承担父母在家庭中的核心角色，不仅为儿童提供经济和情感上的支持，还要承担家庭中孩子的角色，为老年人提供经济和情感上的支持。因此，多重角色扮演给中年人增加了压力。所产生的“中年危机”现象已经引起越来越多的关注。

（2）老年人的社会特征

进入老年后，个人主要反映在与社会的互动上逐渐削弱，即中断的作用和次要角色的变化，退休和休闲是老年人的主要标志。退休代表了社会角色和社会关系的中断，社会角色的中断也是老年人失去权利的表现形式，这同时也是老年人孤独的主要原因。退休的变化不可避免地对一些老年人产生负面影响，没有准备精神健康的老年人会损害他们的身体健康。此外，根据家庭生活周期的变化，老人的家庭角色也已经改变，但由于家庭角色变化的“空巢”现象已经成为社会老年人面临的普遍问题。

二、中老年人体育健身活动的选择

（一）中年人体育健身活动选择

人到中年之后，身体的各项机能以及各方面的素质逐渐开始下降。另外，一方面，物质生活条件的改善也容易造成中年人的营养的过剩；另一方面工作和生活的压力增大，运动量减少，从而造成中年人心理紧张和抑郁。以上这些因素导致中年人疾病多发，尤其是现代“文明病”在中年人群体中泛滥。

基于以上的中年期人的身心特点，中年人的健康锻炼方法和手段与青年人的相比具有很大不同。中年期，人们在学校里学习的各种体育锻炼形式越来越不能适应其体育锻炼的需求，很多锻炼手段对于这一阶段的人来说有些力不从心。因此，中年人的体育锻炼目的和形式会做出相应的调整，其体育锻炼内容的选择主要转向休闲健身、民族传统等方面的体育运动形式。

在组织和设计中年人的体育活动时，应从其身心发展特点出发，并根据其锻炼的目的、需求以及相应的爱好来确定适当的体育锻炼内容和方法。中年人的体育运动应注重其实用性和可操作性，在锻炼者力所能及的范围之内，以满足他们的锻炼需求，使其体会到运动的乐趣。应注重培养锻炼的兴趣，逐渐形成经常参加锻炼的良好习惯，推迟或延缓身体各种机能和素质的衰退速度，使中年人能够保持较高的健康水平，健康愉快地工作、生活。

（二）老年人体育健身活动选择

1. 选择合适的体育健身活动

只有保持身心的健康，老年人才能够愉悦地生活。因此，我国高度重视老年人的健康问题，不仅在医疗方面出台了一系列保障老年人身体健康的措施，而且还积极促进老年人体育事业的发展。老年人参加体育活动不仅能够有效预防和治疗多种疾病，还能够丰富和充实老年人的生活，使其在生活中获得愉悦、满足感。

老年人体育项目的选择和设计应从老年人的实际情况出发，科学制定体育锻炼计划的目标、形式、手段，同时还要考虑场地设施因素以及季节变化因素等方面的问题。

一般而言，适合老年人参与的体育项目有：太极拳、体育舞蹈、慢跑、散步、游泳、垂钓、棋牌等。应根据老年人的兴趣爱好以及其身体状况设计相应的运动，并注重负荷量的适当。

在体育锻炼实践过程中，一方面要科学地选择和设计锻炼内容；另一方面，老年人要量力而行，不可争强好胜。老年人的运动形式主要是以严格控制负荷量的有氧运动，如果负荷量安排不当，则可能对身体造成一定程度的损害，甚至引发意外事故。在老年人进行体育锻炼时，还应注重其锻炼的全面性，延缓各方面身体素质和机能的衰退。老年人在锻炼过程中应进行自我监控，并定期对身体进行健康检查。

2. 老年人体育健身活动的特点

（1）老年体育项目多以传统体育养生项目为主

老年人所从事的体育运动相对较为舒缓，并且传统的体育养生手段在老年人中得到了较为广泛的传播，如太极拳、八段锦、气功等。我国传统体育项目蕴含着我国的传统文化和哲学，得到了人们的广泛的认同，所以它成为很多老年人的选择。我国传统的体育锻炼方法强调身心的修养，形神兼备、内外兼修，对于老年人的身心健康具有重要的促进作用。

（2）老年体育活动形式多以群体活动为主

老年人在进行体育活动时，以群体性活动为主，这样不仅能够激发体育锻炼的动力，还有助于老年人打发空闲的时间。在进行群体性的活动时，老年人之间可进行多方面的交流和互动，不仅能够在一定程度上提高体育锻炼的效果，还能够排解其孤独感。

（3）老年体育的强度较低

由于老年人的各项身体机能和身体素质不断下降，这就使得其在进行体育锻炼时不得不将运动强度控制在较低的水平。为了达到更好的锻炼效果，老年人一般会通过延长体育时间来实现。在小负荷、长时间的体育运动过程中，他们与其他的老年人一起度过较多的空闲时间。

（4）老年体育的组织化程度较高

老年人体育锻炼的组织化程度较高。在各社区中有相应的老年人活动中心，他们在固定的时间地点进行体育运动。在体育活动站点也有相应的社会体育指导员，教授相应的体育运动知识，并对其进行有效的组织和管理。有些地方还成立了老年人体育运动俱乐部。

三、中老年人体育健身指导

（一）中年人的体育健身活动的指导

1. 树立科学的健康观念

随着经济社会的发展，人们的思想观念也在逐渐进步。在新的历史时期，人们对于健康的认识也在不断发展。现代的健康观念不仅是身体的健康，同时也是心理、情感以及社会适应等方面的健康，它是一种多维度的概念。中年人应确立正确的健康观念，进行必要的健康储蓄，保证现在和未来的高质量生活。

应加强对中年人的宣传和教育，使其关注自身的多方面的健康状况，并使其明确进行体育锻炼的多方面的作用和功能。中年人应改变以往的错误想法和认识，把参加体育锻炼变成自觉的要求和行动，从而有目的地进行体育锻炼。

2. 科学健身，量力而行

中年人由于工作繁忙，并且生活负担相对较重，使其余暇时间相对较少，进行体育锻炼的时间也相对有限。因此，在组织相应的锻炼活动时应结合中年人的实际情况，合理地进行安排，使其工作、生活和体育锻炼相协调。例如，中年人在上下班过程中，可进行快步走运动；在上下楼梯时也可保持适当的速度。在工作的间歇时间进行相应的体育锻炼，不仅能够有效利用时间，还能够起到一定的锻炼目的，是非常有益的。

由于中年人的各项身体机能和素质都处于逐渐下降水平，因此，在进行体育锻炼时应注意结合自身的实际情况，按照相应的体育锻炼规律来增强自身的健康，切不可逞强好胜。中年人的体育锻炼应量力而行，并且应是一个循序渐进的过程，要保持一定的规律性。如果断断续续地进行体育锻炼，则不能够起到应有的锻炼效果。在进行体育锻炼时，技术动作的难度以及运动的强度应在其可接受范围之内，保证健身锻炼的安全。

在锻炼过程中，应结合个人的身体状况和条件，适当地增加运动负荷，提高锻炼的强度，以增强机体的适应能力。但要注意的是，不可盲目地增加运动负荷，避免造成过度疲劳或身体损伤。

3. 积极进行锻炼效果评价并及时调整锻炼计划

由于中年人的各项身体机能和素质处于逐渐下降水平，因而在锻炼过程中，应根据自身的实际情况对锻炼计划进行及时的调整。这是保证体育健身锻炼科学性的有效手段。

在组织和设计中年人的体育活动时，应使中年人明确自我监督的方法，以更好地确定运动锻炼的负荷量的大小。一般常采用的监督方法包括自我观察法，也可通过测量脉搏进行确认。进行自我观察时，一般从以下方面进行。

（1）食欲

经常进行适量的体育健身运动，则人体的各项生理反应正常，健康状况良好，人的食欲也会相对比较旺盛。如果进行体育锻炼的负荷量相对较大，则锻炼者的生理会有一定的异常，其食欲也会不振。这时就需要对运动负荷量进行必要的调整，建立科学的健身计划。

（2）排汗量

在进行相应的体育健身运动时，如果运动量合适，则锻炼者会微汗或中等程度的出汗，这时机体的新陈代谢状况良好。如果运动负荷量较小，人体在健身运动后出汗较少或基本不显汗，这对人体的锻炼价值不大。如果负荷过大，机体过于疲劳，则锻炼者会满头大汗，浑身湿透，颊部出现盐迹，甚至夜间盗汗，则不利于健康健身效果的取得。

（3）睡眠状况

如果运动量适宜，则在进行相应的健身运动之后，大脑皮层和全身各器官系统会产生一定的疲劳，这会在一定程度上促进人睡眠质量的提高。如果体育锻炼的运动负荷量相对较大，则机体会产生一定的胜利不适应，从而导致失眠、多梦的状况，在醒后也会感觉体力不支。

（4）情绪

人体会表现出一定的运动需要，但这一需要得到满足时，则人们会产生轻松愉悦的情绪体验。因此，如果锻炼者在健身锻炼之后表现出精神饱满、状态良好，则表明运动健身的负荷量较为合适；反之，则应及时调整运动负荷和改进锻炼方法，特别要降低运动的强度。

（5）疲劳感觉

在运动负荷适当的情况下，锻炼者会倍感舒服，体力充沛，并且渴望进行体育运动。每次进行体育锻炼之后，运动者会表现出一定的疲劳和肌肉酸痛感，但是通过适当的休息之后便能够较快地消除这种疲劳感。如果运动锻炼的负荷量相对较大，则锻炼者会表现出体力不支，萎靡不振的状况，甚至会产生抵触运动锻炼的心理，这时就应该对运动健身的负荷量进行调整。

（6）工作效率和生活能力

如果运动健身锻炼负荷适宜，锻炼效果明显，则会对工作效率和生活能力起到明显的促进作用。如果健身运动负荷过大或过小，健身的效果就不明显，甚至会影响身体的健康，对工作效率和生活能力产生负面的影响。

（二）老年人体育健身活动的指导

1. 因人制宜，科学锻炼

老年人在进行体育健身锻炼时以群体性体育锻炼为主，这样更加适合老年人的身心发展特点。老年人在群体活动中相互进行交往，交流各自体育锻炼的心得体会。但需要注意的是，老年人的体质状况具有很大的差异性，因此应做到因人而异，科学地进行锻炼。

在组织相应的体育活动时，应根据其身体机能状况以及相应的心理需求来制定体育锻炼的内容和方法。老年人在进行体育锻炼时，不可根据其他人体育锻炼的运动量来确定自身的运动量。老年人体育锻炼应符合自身的身心接受能力，并且锻炼要有针对性和实效性。另外，参加体育锻炼的老年人，要从自己的身体状况出发去选择锻炼的内容、方法，根据老年人身体各系统、各部位、各内脏器官机能逐渐衰退的实际，全面进行锻炼。

2. 防病、治病相结合

老年人具有大量的空闲时间，进行相应的体育运动不仅能够祛病强身、保持健康、延年益寿，还能够丰富和充实其生活，提高生活的质量。老年人进行体育锻炼能够有效提高自身的免疫力，起到防病的目的。而开展一些保健体育和康复体育，能够促进老年人疾病的康复，对于提升其健康状况具有重要的作用。因此，指导老年人进行体育锻炼时，一定要与改善健康水平和防病、治病进行有机结合，最大限度地满足老年人对健康的需求。

3. 简单实用，持之以恒

老年人身体机能状况明显下降，因此其从事的健身锻炼项目应少而精；锻炼的方法也应该简单实用，避免复杂和幅度过大的动作。轻缓适量是老年体育锻炼的一个特点，其内涵是动作轻缓、负荷适宜。为了更好地延缓人体的衰老，还应该持之以恒地进行体育锻炼。在锻炼过程中应做好自我健康调控，排除锻炼过程中的隐患，保证锻炼过程的安全有效。

另外，在进行运动健身时，老年人应有动有静，要把动静这一对矛盾很好地统一起来。

第四节 妇女体育

妇女的生理特点与男性具有鲜明的区别，在进行社会体育建设时，应充分考虑男女之间的差异性，发展适合妇女生理特点的体育活动形式。因此，本节将对妇女体育活动的相关内容进行分析和研究。

一、妇女人群的身心发展特点

（一）妇女人群的生理发展特点

妇女的身材相对娇小，肌肉所占身体的比重，以及肌肉力量相对较小。具体而言，妇女的生理特点包括以下几个方面。

（1）从身体形态来看，妇女肩窄，骨盆较宽，身体重心低，稳定性高，对于平衡的维持较为有利。

（2）在身体成分方面，女子体内的脂肪约占体重的28%（男子约占18%）。由于大量脂肪沉积在皮下，这使得女子的身体显得较为丰满。女子的脂肪层较厚，更能够忍耐严寒。

(3) 女子的运动能力要低于男子，女子的肌力也低于男子，仅为男子的2/3左右。女子的速度素质也要比男子低。但是，女子的柔韧性却明显优于男子，其关节、韧带和肌肉的弹性较好。

(4) 女子机体的持久性耐力、利用氧的能力、利用体内储存脂肪供能的能力，以及身体的可训练性等方面相对优于男子。

（二）妇女人群的心理发展特点

妇女情感丰富，具有较强的形象思维能力。其心思缜密、细致，对刺激的反应相对敏感。爱美是妇女的天性，同时其富于同情心。

二、影响我国妇女参与体育的因素

（一）传统的妇女角色观念

受封建礼教观念的影响，我国的社会角色在很长一段时间内被定位为"相夫教子""操持家务"，并束缚在家庭之内。虽然现代社会中女子发挥着越来越重要的作用，其社会地位得到了提高，但是传统的落后观念还在影响着人们。因此，很多妇女将家庭放在较高的位置，结婚后会退出体育锻炼的队伍。

（二）教育水平

受教育程度的高低，对人们的体育健身锻炼具有重要的作用。一般而言，如果受教育程度较高，则其会对体育健身有更加科学的认识，并且会掌握更多的体育锻炼方法和技巧。因此，受教育程度较高的妇女参与体育锻炼的人相对较多。而受教育水平相对较低的妇女，其可能会将体育锻炼活动看作一项消费性的体育活动，她们可能会不参加体育锻炼或参加较为简单的锻炼形式，并且对体育锻炼没有形成正确的认识。

（三）闲暇时间

随着生活水平的提高，人们的思想逐渐得以解放。现代的家务劳动多由男女共同协作完成，并且电气化产品进入家庭，使得妇女家务劳动的时间大大减少，从而有更多的时间进行体育健身运动。但是，社会调查认为，妇女的闲暇时间要明显少于男性，不管是在工作日还是在休息日，这种状况一直没有改变。

除了上述几方面的影响因素之外，影响我国妇女进行体育健身锻炼的因素还有体育观念、体育场地设施、经济收入水平等。

三、妇女体育健身活动的选择

（一）妇女健身的特点

1. 健身是主要目的

女子参加体育活动的原因，与其生理和心理特点存在紧密的关系。一般，青年妇女进行体育锻炼是为了进行健身、塑形、减肥和娱乐；中年妇女进行体育锻炼主要是为了调整自身的情绪；老年人进行体育锻炼主要是为了健身和娱乐。健身是妇女参与体育活动的主要原因。

改革开放以来，妇女的思想观念不断发展，妇女参与体育活动的动机也变得较为多样。对于职业妇女而言，其参与体育锻炼更多是为了运动健身，其次是为了缓解工作的紧张和压力，摆脱烦恼，再次是为了保持良好的身体形态。

2. 健身手段以中小强度的户外徒手或轻器械的体育活动为主

现阶段我国妇女参与的体育活动方式，主要是消费比较少的户外徒手或持轻器械锻炼，这可能与中国妇女长期形成的“勤俭持家”观念有关。妇女所参加的体育项目对于体育设施的要求相对较低，其参与收费体育场所进行锻炼的人数随着年龄的增加而有所下降。妇女所从事的体育健身运动项目的运动负荷量相对较小，大多选择中等或较小的强度。

3. 活动方式以集体或友伴的形式为主

女子情感较为丰富，更加注重情感的交流和互动，因此，其在进行体育运动健身时，多为两两相伴，或三五成群。在工作和生活之余，妇女会约上几个朋友一起进行体育锻炼，在锻炼过程中伴随着情感的表达和宣泄，能够得到安慰和同情，从而分享了各自的快乐和烦恼，增进相互之间的理解。

老年妇女在进行体育锻炼时，为了摆脱孤独感，也会参加一些集体性的活动。近年来亲子家庭健身活动逐渐兴起，在进行体育锻炼的同时，也能够增进家庭成员之间的关系。

（二）妇女健身的项目选择

妇女参加体育锻炼的目的具有多样性，因此，在组织和设计相应的体育活动时，应考虑妇女的个性心理需求，针对不同的健身群体安排切实可行的体育运动项目。妇女选择的体育健身项目主要有以下几方面。

（1）青年妇女爱好的体育健身项目包括：健美操、体育舞蹈、街舞、慢跑、网球、羽毛球、保龄球、远足等。

（2）中年妇女一般选择徒手健身操、迪斯科、健身操、交际舞、太极拳、太极剑、散步、游泳、武术等项目。

（3）老年妇女多选择太极拳、气功、登山、门球、徒手健身操、棋牌类等作为健身锻炼项目。

四、妇女体育健身指导

妇女在进行体育健身运动时，必须考虑自身的实际情况，不要盲目效仿和追随。在组织相应的体育健身活动时，应确保她们从事的健身锻炼项目符合其身心特点和健身需求。

（一）选择适合妇女身心特点的运动项目，科学锻炼

不同年龄阶段的妇女，其参与体育锻炼的目的具有较大的差异性，因此，指导妇女进行体育健身时，应充分考虑其心理需求因素。应组织和设计一些适合其参加的体育运动形式，发掘其参与运动锻炼的积极性，提高体育锻炼的效果。

青少年妇女由于身体的生长和发育，其参与体育锻炼的积极性有所降低，因此，应积极对其进行引导，组织其感兴趣的体育运动项目，充分调动其参与体育锻炼的积极性。每个锻炼者身体的个体差异、兴趣爱好和运动能力的不同，在进行指导时要区别对待，因人而异地做好安排。另外，在运动健身过程中，只有掌握适宜的运动负荷，使之既可以满足她们增强体质的需要，又符合其个人身体的实际承受能力，才能使妇女身心愉悦，达到理想的健身效果。

（二）妇女特殊时期的体育健身指导

特殊时期是指月经期、妊娠期、更年期。这三个时期，妇女的身心表现出一定的独特性，因此，在这一阶段进行相应的体育健身应该遵循相应的规律。

1. 月经期的体育健身指导

月经期是妇女进入青春期后发生的正常生理现象，是生殖器官周期性的变化。此时她们的身体会出现一些特殊的生理反应，如下腹部发胀、腰

酸、乳房发胀、食欲不振、疲倦、情绪激动、烦躁、忧郁等。在这一阶段参加相应的体育运动锻炼，能够有效缓解经期的不良状况，改善妇女机能的状况，促进血液循环，有利于经血的排出。

在这一阶段应选择动作幅度、震动相对较小的运动项目，如徒手操、乒乓球、散步、慢跑等，运动的时间和运动强度应因人而异。在月经期间不能进行游泳运动，以防感染引起相应的疾病。对于有月经紊乱、经量过多、痛经等症状的妇女，应暂停月经期的体育锻炼。

2. 妊娠期的体育健身指导

女子受孕后，一般经历280天，此期间称为妊娠期。妊娠期妇女会有一系列的不良生理反应，如恶心、呕吐、疲劳、下肢水肿等。在妊娠期应进行轻度的运动锻炼。这样不仅能够调节和改善情绪，还能够减缓妊娠反应。

妊娠期进行相应的体育运动能够改善血液循环，减轻或消除下肢淤血现象，促进新陈代谢，增进健康，增强体质，保障胎儿的正常发育。但是，在进行相应的运动时，应征得医生的同意，并且应由家人陪伴。一般在这一阶段可参加的体育运动项目包括：快走、慢跑、郊外踏青、游泳、保健操等有氧健身活动，应避免跳跃和腹部剧烈运动的活动。

3. 更年期的体育健身指导

更年期是男女都会经历的一个生理阶段，其主要是由于男性的睾丸退化和妇女的卵巢退化所引起的。妇女一般在45～50岁进入更年期，在这一时期内，其内分泌系统会发生一系列的改变，心血管、精神和神经等方面和新陈代谢可能会出现障碍。在更年期，妇女表现出的症状包括：注意力不集中、心慌、心律不齐、血压不稳、情绪易于激动、记忆力减退以及对许多事情失去兴趣等，对日常生活会产生一定的消极影响。

在更年期进行相应的体育锻炼活动时，其运动负荷量应控制在自我感觉较为舒适的程度，并且应该长期坚持。其可选择的体育运动项目包括：散步、慢跑、郊游、羽毛球、门球、徒手操、持器械操、体育舞蹈等。在这一阶段应有计划地选择到户外进行活动，利用户外优美的自然环境和条件，缓解心理压力，陶冶情操，有效地提高身体锻炼的效果。

五、妇女体育发展的社会动因

（一）社会的发展为妇女体育提供了更多的机会

由于经济与社会的发展，今天有更多的妇女参加体育运动，最主要的原因是现在比以前有更多的机会，这些机会表现为以下几方面。

（1）妇女有了较为独立的经济地位，妇女就业人数的普遍增加，男女同工同酬的政策保障，使妇女成为经济独立的个体，使她们有机会进行体育消费。

（2）妇女有了越来越多的余暇时间，由于工作时间与家务劳动时间的缩短，妇女的社会与家庭负担减轻，增加了妇女的参与机会。

（3）妇女体育组织和体育活动项目显著增加。过去 20 年中，在许多组织和社区中，妇女们开始接受平等的体育资源份额。

（二）妇女解放运动改变了妇女的社会形象

在过去 40 年间的世界范围的妇女运动，大多强调妇女们在有机会发展她们的聪明才智的时候，应把她们当作与男人平等的人来看待。这一思想激励着不同年龄、层次的妇女追求她们在体育运动中的利益，也给那些过去从未想过参加体育运动的妇女们创造了新的利益。妇女运动也帮助妇女们重新定位了她们在家庭和职业中的角色，这也给妇女提供了更多参加体育运动所需的时间和财力。随着妇女运动思想被广泛接受，以及男子们控制妇女的生活日趋削弱，越来越多的妇女选择从事体育运动。尤其是那些生活在贫穷国家，低收入的妇女们，可供妇女们利用的选择比她们以前更少地受到限制。

许多有政治影响力的妇女体育组织，伴随着妇女解放运动而出现。例如，美国的妇女体育基金会就成为一个重要的游说组织。国际妇女体育组织是一个专门帮助全世界妇女促进体育运动和体育教育发生积极变化的组织。通过这些组织代表们的游说，在 1996 年北京举行的第四届世界妇女大会中包括了有关妇女参与体育运动和体育教育的陈述。这些陈述要求给妇女们提供体育运动和体育教育的机会，并以此促进世界各国妇女们的教育、卫生和人权。

（三）妇女体育得到了法律保障

联合国自 1945 年成立以来，已起草并通过了二十多个有关妇女地位的国际公约和宣言。其中的一部分国际法律文件，突破了 20 世纪早期有关妇女地位的保护性法律文件的范围，形成了旨在废弃歧视妇女的制度，建立提高和改善妇女地位的新制度的纠正性法律文件。

1972 年美国国会通过联邦教育修正法案第 9 条，该修正法案“禁止接受联邦经费的教育机构歧视妇女”。此后，教育机构妇女体育经费预算大大增加，妇女体育的奖学金和学校中参加体育活动的妇女大增，美国女性同男子一样有了平等参与体育活动的权利，妇女们可以参加过去只有男子才能参加的体育运动，对女运动员也可以采用像男选手那样大运动量的训练，使美国教育机构为奥运会输送了大批成绩优异的女运动员。1975 年以来，欧共体采取重要措施保障男女平等，几乎所有的欧洲国家都通过了男女平等的法案，其范围也包括体育。

中国在宪法与多项法律中都贯彻了男女平等的立法原则，妇女在政治、劳动、社会地位、教育、文化、体育中都享有与男子平等的权利。1995 年颁布的《全民健身计划纲要》强调“重视妇女和老年人的体质与健康问题，积极支持他们参加体育健身活动。注意做好劳动强度较大、余暇时间较少的女职工的体育工作。”

（四）妇女自身健身意识的增强

自 20 世纪 70 年代中期以来，全社会健身意识在不断增强，使得妇女们参与了许多身体锻炼和身体娱乐活动，特别是心血管系统、脑血管系统疾病在妇女人群中的高发，使得妇女参加体育活动的积极性空前高涨。而且妇女参加体育活动的另一个重要原因是来自审美的需求。她们把健美的身材和娟秀的面容作为一种重要的生活追求，尽管这种追求隐含着某些人才市场、劳动力市场的价值观念，也得到了各种妇女用品市场推销商的推波助澜。

（五）大众传播媒介对妇女体育的关注

近 20 年来，各国的媒体对妇女参与体育运动报道有所增加。尽管有关妇女参与体育运动报道的覆盖面不能与男子相提并论，但是比以前对妇女参与体育运动的报道要多很多。通过在电视中观看女运动员的比赛，以及阅读报纸、杂志和书籍，妇女们受到了很大的鼓舞。在中国，优秀女运动员在国际竞技体育中的巨大成功，极大地鼓舞了女性参加体育活动的热情。

第五节 残疾人体育

残障人士是社会的重要组成部分，他们主要是指感官、身体和智力等方面有缺损的人。发展针对这些人群的社会体育活动，能够达到促进其身体健康、培养意志品质以及提高生活自理能力等方面的目的和作用。参与相应的体育活动，也是残障人士享有的一项权利。因此，本节将对残障人群的体育健身进行的研究。

一、残疾人体育的概述

（一）残疾分类与残疾人体育

残疾人是社会成员中一个特殊群体。在关于残疾人的法律中，对于残疾人的分类是："视力残疾、听力残疾、肢体残疾、言语残疾、智力残疾、精神残疾、多重残疾和其他残疾"等。即在生理、心理、人体结构上，某种组织功能的丧失或者不正常，全部或者部分丧失以正常方式从事某种活动能力的人称之为残疾人。

残疾人体育是残疾人及其群体在长期的社会实践中所形成的一种参与体育现象，是《全面健身计划纲要》实施的重要内容，是群众体育活动扎实而全面开展的重要评价指标。狭义的残疾人体育是指残疾人所特有的体育行为模式、体育心态、互动关系及体育活动方式等。这也是残疾人体育区别其他社会体育的个性性质。

（二）残疾人体育的特点

残疾人体育是体育的有机组成部分，是特殊群体领域中的体育，具有鲜明的特点。

1. 残疾人体育的社会特点

（1）社会关爱性

任何体育活动都以人为中心，残疾人需要物质生活和精神生活。但由于他们的残疾弱点，他们往往追求的是亲密友好、相互信任和其他积极情绪以及自尊、自强、自力更生、自信和其他情感的特殊要求。在体育活动的过程中，他们可以实现身体的运动，使他们理解和欣赏整个社会，给他们一个良好的社会环境和人性化的精神。此外，中国政府非常重视残疾人的体育活动，充分体现了社会的爱心和文明社会的人道关怀。

（2）发展性

残疾人士的体育发展也是由残疾人士的特殊社会角色决定的。残疾人运动不仅能提高残疾人的健康水平，而且还能保护和恢复他们的头脑平衡。体育运动可以探索残疾人的潜力，增加他们的身体素质和心理素质，提高他们在社会中的适应能力。

（3）超越性

残疾人运动会是一种本能的超越。命运本身不公平，他们参与体育活动是表现出不懈的自我完善和顽强的精神，反映了自强不息的生活态度。

2. 残疾人参与体育的心理特点

残疾人是社会中存在的特殊人，由于身体残疾，运动的困难程度比较大，这要求他们有比普通人更加坚强的毅力。没有强烈的人格特质支持，很难克服和超越自我。由于残疾人在身体上存在一定的缺陷，心理上通常也会表现出一定的劣势，往往出现主动性不强，自闭或自我放弃的问题，缺乏与他人进行交流的勇气。运动可以在一定程度上缓解低自尊等消极的心理现象，有利于残疾人体育运动的发展。

二、残疾人体育活动原则和方法

（一）残疾人体育活动的方法

残疾人参加体育活动方法不是一成不变的。活动的方法与方式尽管在表现形式上有别于健全人，但围绕着增进健康、增强社会交往能力，缓解心理压力为目的锻炼方法主要包括以下几种类型。

1. 针对性活动方法

针对性活动方法，是依据残疾人的不同残疾程度、类型而采用的相对弥补身体残疾所设置的适应性活动方法和手段。

2. 专一活动方法

残疾人选择专一活动内容的学习与锻炼方法，有利于锻炼方法的掌握和熟练程度的提高。残疾人可选择体育运动项目中一项自己感兴趣的运动项目进行学习并长期坚持锻炼，如在田径、球类、游泳、体操、武术等各运动项目中选择一个运动项目作为自己活动的内容。

3. 借助自然环境和条件的活动方法

残疾人通过大自然环境及条件进行活动，不仅可以愉悦身心，还能够感受自身存在的价值。在阳光充足、空气新鲜、环境优美的平原、山坡、草地和溪水间进行锻炼，能够收到良好的锻炼效果。

4. 针对康复需要配合医疗手段的活动方法

残疾人为了提高自身的健康水平，常常在其康复治疗过程中采用相关体育活动方法进行体育锻炼。早在 20 世纪 50 年代，就有研究者提出了以运动作为治疗脊髓损伤的手段，强调把医学的方法和体育运动的动力性方法结合起来。

（二）残疾人体育活动的注意事项

1. 充分了解自己的身体状况

由于残疾人丧失了一些生理功能、组织的功能和活动范围，因此，正确理解他们的身体功能是他们参加体育活动的主要因素。在参加体育活动前检查自己的身体状况，应该根据自身的实际情况进行体育锻炼，切忌进行一些与自身身体素质不符的运动负荷。

2. 制定切实可行的体育活动计划

体育活动只有长期坚持有规律的运动，才能得到理想的效果。做任何事情都必须有一个计划，所以残疾人要对自己的体育运动有个详细的计划。计划应分长期与短期，应包括运动内容、运动强度、运动持续时间、运动频度等。此外，还应注意运动后的放松、加强营养等。

3. 良好的准备活动是提高体育活动效果的保障

准备是让人体功能逐渐进入运动状态，避免突然运动损伤。残疾人的运动能力受到身体的限制，所以参加体能运动前的准备应该更全面、具体、详细。由于残疾人的身体素质较差，如果不提前准备，很难适应运动的需要。准备活动也应从简单到复杂、从浅到深，不仅能提高他们对体育运动的兴趣，而且还有助于消除他们对于体育活动的紧张和恐惧，准备活动在进行的时候也可以选择一些残疾人的辅助性器械。

三、残障人群健身指导

残障人群的健身锻炼与健全的人的健身锻炼存在一定的区别。残障人群的健身锻炼应注意以下几方面的内容。

（一）身体检查

残障人群在进行体育健身之前，应进行必要的身体检查，确定所参加的体育运动项目是否有利于自身的康复；应根据身体健康的状况确定健身锻炼的内容、强度和手段。

（二）制定健身计划

经过相应的体检，如果适合体育锻炼，应该在医生、健身教练的指导下制定健身计划。健身计划应该在其他人的公司进行适应性培训，并结合自己的身体反馈进行调整，制定最好的健身计划。

在制定相应的体育锻炼计划时，残疾人应该反映他们的年龄、职业、残疾类型、残疾程度等。医生或健身教师应根据运动过程中的具体情况，记录身体的身体反应和主观感觉，并提出相应的改进建议。

（三）残障人群体育健身的基本内容

残障人群体育运动训练，可分为一般训练和特殊训练两大类。一般训练是对其基本身体活动能力进行的练习，一般训练中着重残疾人的有氧训练能力的提高；特殊训练则是根据其残疾情况进行的训练。

四、残障人群健身锻炼的障碍及应对措施

（一）制约残障人群进行体育健身的外部原因

1．场地设施较少

随着综合健身计划的逐步实施，我国体育场馆和设施不断增加，在一定程度上满足了人们身体健康的需要。但是，专门为残疾人的体育场馆和设施却很少。在进行身体锻炼的过程中，残疾人会遇到很多困难，使得很多残疾人对体育运动有一定的恐惧。由于缺乏体育场地和设施，残疾人士家庭也会对残疾人进行体育锻炼的安全问题增加关注，这在一定程度上增加了残疾人士进行体育运动的困难。

2. 运动项目不完善

由于残障人群自身的特点，决定了其参与体育锻炼会受到较多的限制。针对健全人的体育运动项目和运动器材大多不适合残障人士参与。

3. 相应的指导书籍、咨询机构较少

残疾人参加相应的体育运动是提高自己的健康水平重要途径之一，进行身体锻炼在一定程度上能够恢复残疾人身体健康或减少残疾人的数量。残疾人在相应的体育活动中将按照专业运动处方进行。但我国残疾人体育锻炼时间相对较短，其训练考试制度不够完善，专业水平和成绩不高。这导致残疾人对健康和康复缺乏了解。

4. 社会关注度不高

中国的全国健身计划正在全面展开，残疾人身体健康的发展相对缓慢。许多公共设施的场所不考虑残疾人的便利性，在就业、社会保障等方面也会有很多不便。总之，中国残疾人的身体健康状况仍然不容乐观。

（二）制约残障人群进行体育健身的内部原因

1. 生理缺陷

由于残疾人自身的身体障碍，他们在生活中有很多不便，他们需要在体育训练方面做更多的努力。在体育锻炼中，许多人会遇到疲劳，肌肉力量不足的问题。面对身体不便，很多人会被禁止体育锻炼。

2. 心理障碍

许多残疾人害怕在公共场所进行体育锻炼，害怕被别人嘲笑，这导致社会生活的疏离。很多残疾人在成长和生活的过程中会与他人和社会有一定的差距，因为他们自己的生活也是一种消极的方式。

3. 经济障碍

很多残障人士不参与体育锻炼与自身的经济状况，具有很多的关系。由于自身收入的限制，一些残障人士无暇进行体育锻炼。

4. 文化障碍

文化上的障碍对残疾人带来很多不便，这在一定程度上导致他们的教育程度低，生活技能低，使其更关心物质生活条件的改善，对身体锻炼的需求则需要往后排。

（三）促进残障人群进行体育健身应对措施

为了更好地促进残疾人社会运动的发展，政府有关部门应当发挥组织和指导的作用，增加相应的资金和资源，促进残疾人运动的发展。首先，政府部门应该进行残疾运动健身，完善相应的制度建设，确保残疾人有权利和机会参与体育健身。其次，政府部门应加强残疾人体育健身行业的关注，促进体育设施和场馆的建设，并呼吁全社会关注残疾人群体的健身，加强残疾人体育健身教育工作的知识，组织相关人员培训，确保相应人员掌握相应规则和健身技能，提高科学素质和健身热情。再次，建立和完善残疾人社会服务体系，引入适当的优惠政策，鼓励残疾人进行体育锻炼，应该为残疾人群体健身设施建立相应的志愿服务队伍。

五、残障人群健身锻炼的注意事项

（一）应强调科学性

许多残疾人进行身体锻炼是为得到更好的康复，应该注意体育锻炼的科学性。残疾人在进入健身房之前需要与保健专家联系。在运动过程中，应严格组遵照相应的运动负荷进行锻炼。

（二）应强调安全第一

残疾人体能训练，应以安全第一为基本原则。如果在进行身体运动的过程中出现一些身体上的不适，应立即停止健身活动。在初始锻炼阶段，应由医务人员及其家人陪同。

（三）应循序渐进

残疾人运动健身应遵循相应的训练计划，运动时间和运动强度进行严格控制，运动的负荷在开始阶段应较小，再逐渐增加训练量。在今后训练的过程中，逐步改善他们的身体状况。

（四）应因人而异

运动频率、强度、时间要依个人能力而定。大部分专家建议，低适能残疾人最好每天都进行运动。

第五章　社会体育与竞技体育

竞技体育与游戏之间存在一定的联系，现代竞技体育反应了市场经济社会的人际关系。竞争是竞技体育的一种灵魂所在，与现代社会的社会价值观一致。竞技体育的规则是对法制化社会生活的一种模拟，竞技体育中体现出的公开、公平、公正具有社会典范意义，这些在一定程度上会对青少年儿童产生重要影响。

第一节　竞技体育概述

一、竞技体育的概念

中国古代曾出现过许多类似竞技体育的活动方式，如礼射、蹴鞠、投壶、捶丸等。但目前中国盛行的各种竞技体育活动绝大多数来源于西方近代的竞技体育活动，英文为 sport。

sport 起源于原始社会狩猎人、采集人、农耕人在闲暇时间里进行的娱乐活动，而后发展为古代奥林匹克的祭典竞技。在中世纪，祭典竞技遭到禁止。文艺复兴割断了神学的锁链，使古希腊文化得以再生和发展，sport 也随之得以恢复和发展，演进成为一种世界性的体育文化。

我国的运动训练学试图将竞技体育定义为“在全面发展身体，最大限度地挖掘和发挥人（个体或群体）在体力、心理、智力等方面的潜力的基础上，以攀登运动技术高峰和创造优异运动成绩为主要目的的一种运动过程”。这一定义与国际体育名词术语委员会编写的《体育运动词汇》中的有关词条的定义相类似，都是将竞技体育当作体育现象。

站在社会学的立场上，将竞技体育当作一种社会现象来研究。吕森认为，竞技体育是一种位于游戏（play）到工作（work）这一连续演变过程中的一种制度体系化的竞争性身体活动。爱德华兹则认为竞技体育指的是这样一种活动：它有正式的历史记载和传说；它是以打败对手来获取有形或无形的价值利益为目标的；它是在正式组织起来的体育群体的成员或代表之间进行的；它强调通过竞赛来显示体力和智力；这种竞赛是在正式的规则所设立的限度之间进行的，而规则要对参加者的职责和位置做出了明确的界定。

二、竞技体育产生发展的社会文化背景

早在人类产生之前，动物之间就存在着生存竞争、本能的学习行为和无意识的“游戏”。这些活动是动物的非意识活动，缺乏目的性，也不可能演化为与人类相同的竞技活动——“竞技体育”。然而，这些活动对远古时代人类“竞技”的产生是有重要影响的。

在人类的愚昧、野蛮时代，在文字产生之前，原始人之间的“竞技”活动是他们生产劳动之余的主要文化活动形式之一。但是，这时的竞技体育是十分原始和蒙昧的，反映出简单社会中人们的那种蛮拙的身体需要和贫乏的物质条件。这一点可以从民族学、人类文化学家对至今尚处在氏族社会的非洲、大洋洲部落的记载中得到证明。

具有人类文明意义的竞技体育，应该追溯到古希腊的奥林匹克运动会和东方文化中的某些竞技活动。古希腊成为奥林匹克竞技体育的发祥地绝非偶然。其主要原因包括以下几点：

（1）古代希腊商品生产较为繁荣，这在以农业经济为主的人类古代社会是绝无仅有的。商品经济的繁荣，使生产力得到迅速发展，征服自然、改造自然的信念易于形成，社会生活内容也就丰富多彩。奥林匹克竞技活动，就是其中的一部分。

（2）商品经济的发展和开放的海洋地理环境，使希腊人产生了外向、好动的性格。他们有独立不羁的人格、开拓精神和变易观念。这种充满自由、竞争精神的文化个性，鼓励了人们参与各种竞争活动，激发了人们的竞争能力。

（3）古代希腊的奴隶制民主制度，为竞技体育的存在与发展创造了良好的思想环境。因为竞技体育毕竟需要一种平等与公正的原则作为思想基础，虽然古希腊的民主制度是局限于奴隶主阶级的，但在当时的世界各种文明中是独有的。

（4）古希腊的城邦统治注重军事，更注重军事力量的主体——人的体力的发展。同时频繁的城邦战争使人们又渴望和平，用一种和平竞争的方式取代残酷的战争。这些机制的综合运行，产生了古代奥林匹克运动，并持续了一千余年，成为人类文明史上的一朵奇葩。

中国人在西周朝仪式的射箭活动，是一个可以与当代奥运会相媲美的节日。它具有组织有序、秩序严格、执行范围广泛的特点。在中国唐代，由于与外国文化的高度融合，体育有了辉煌的发展，但由于儒家思想的严

重束缚，逐渐失去了竞争力，随着时间的推移，甚至出现了灭绝的态势。封建文化本质上是拉开了游戏要求的价值概念，是抑制竞技体育的发展，这是由封建的独裁统治和人才的概念决定的，中国封建社会两千年，或在欧洲一千年的黑暗规则证明了这一点。在封建社会中，竞技体育不能成为体育文化的主体，而只能减少为民间游戏中的竞争活动。

第二次世界大战后，世界长期处于相对和平的状态。人们对战争和动乱感到厌恶，渴望加强国际交流与合作。学者佐勒提出竞技体育是一种特殊和正规的战争。他认为，这是另一种破坏、残酷、愚蠢和人为损失，战争解决国际争端或信誉等问题，前者是一个很小的代价。人类和平的未来，可能取决于我们是否能够成为国际体育组织的长期和有意义的方法。这只是和平解决国际冲突和与国际竞技体育斗争的良好希望，但它表明现代竞技体育的发展具有良好的思想背景。第二次世界大战后，世界上两个阵营形成冷战，运动已成为政治斗争的工具。当前，对社会主义国家的政治功能的理解，以及资本主义国家竞技体育的专业化和商业化，促进了国际竞技体育不同方向的发展。因此，20 世纪和 70 年代，竞争性运动在国际化、科学化方面取得了长足进步。

竞技体育与社会的政治和经济发展密切相关，但它不是一个简单的“巧合”和“繁殖”，作为一种文化形式，它也有自己的规则。儿童的自发参与，玩游戏和心理需求随着儿童的成长、儿童逐渐演变成与其他儿童、青少年的简单游戏，最后，有必要加入组织和社会运动，调查许多竞技运动的形成过程。这些法律从低到高，许多竞技运动最初只是一个简单的空闲时间，完成后，导致一个简单的规则和方法的地方民间游戏的判断。一些民间游戏发现一些社会组织的文本规则，以及标准化的场地设备，这正式成为竞技体育。

总之，当研究竞技体育这种文化形态时，不难发现存在着这样一种相互关联又连续演进的概念群：玩耍（play）——游戏（game）——竞技体育（sport）。

这个演变过程呈现如下的规律。

（1）自发性、休息性、娱乐性逐渐减少。

（2）对体力的要求逐步提高，而且要求有事前准备的技术、战术训练，因此，更加依赖于有组织的教育和社会化过程。

（3）规则性、组织性、职责分工性加强，管理趋向严格。

（4）活动的目的性逐渐复杂化，附有越来越多的利益价值观。这些价值观往往不仅体现活动参加者本身所抱有的目的，而且更多地体现了其他人员，如领队、管理人员、观众等的目的。在许多国际竞技场合，这些目的代表了国家的政治愿望和民族自尊意识及要求。

（5）从方法、手段来说，竞技体育是各种游戏的典型化发展。竞技体育比游戏更简练、更复杂、更具有高级文化的性质，即更容易传播交流并形成传统。玩耍——游戏——竞技体育之间的关系（图5-1-1）。

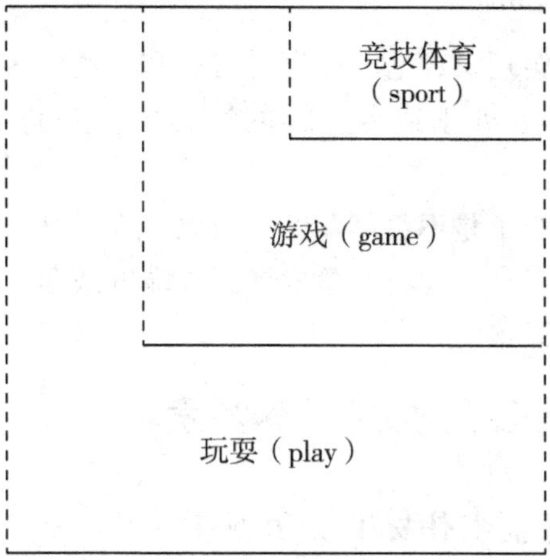

图5-1-1　玩耍——游戏——竞技体育关系图

这里，玩耍可作定义："凡属自发的、不带目的的、结果不能事先预料的、自由的、非生产性的、有一定章法的和扮演性的活动。"游戏则是"由身体机能、战术或机会来决定结果的娱乐性的比赛，不论是个人参加还是集体参加，均可称为游戏。"

游戏是竞技体育产生的重要中间过程。游戏的基本社会作用有以下三点。

（1）促进少年儿童的社会化过程，大多数游戏都是对某种行为和社会角色进行模仿，有利于他们认识社会。

（2）通过某种游戏技能的表现，激发众人的情绪给个人和他人带来欢乐，起到社会消遣娱乐的作用。

（3）为社会人际关系提供一种良好的情感交流方式，特别是给家庭成员之间、男女之间增加情感交流的机会。

由于民族文化特点不同，各民族游戏的性质和方式均有所不同。中华民族长期受儒家文化的影响，人们在游戏活动中比较拘谨，游戏娱乐未受到足够的重视。这也许是古代中国竞技体育很难得到发展的原因之一。

第二节　竞技体育与社会竞争

一、竞争的概念

竞争是一种社会现象，适者生存是自然和人类的客观规律。每个人在自然界和人类社会都处于适者生存的过程中，人们不能逃避这种客观规律。

不可否认的是竞争是不可避免的。所以，人类社会已经存在竞争，并且因为人类的意识存在，并将竞争发展到极端的战争，人们拿着武器、恐吓威胁，甚至寻求灭绝对方。

二、构成社会竞争的基本要素

（一）必须有基本相称的竞争对手

竞争是与对手之间进行力量的较量，对手的力量必须匹配，这场比赛才是有意义的。实力悬殊太大，不能形成真正的竞争意识，如经济发达国家和弱国发展中国家不能形成真正的竞争意识；竞争对手可以是发展水平相差不大的国家。任何竞争都有强烈的排他性，所以竞争的结果往往只产生一个赢家，不能区分竞争的胜利者往往是竞争失败。

（二）拥有共同争夺目标

一项竞争的形成，必须要有一个竞争各方为之共同争夺的目标。这一目标可以是物质的，也可以是精神的。物质的可以是基本生存的物质，如水源、土地、森林、草原，也可以是金钱、遗产、商业利益等；精神的可以是权力、社会地位、学术地位等。争夺目标也可以是人，如配偶、子女、人才等等。以人才为对象的竞争，是当今世界最为激烈的竞争。

（三）必须有一个共同认可的竞争场合

任何比赛必须在特定的时间和空间进行，形成特定时空的场合是竞争的必要条件之一。现代人没有与古人的竞争，赤道和高山地区很难形成竞争。战争设置战场，体育比赛设置场地。在竞争的情况下，我们已经商定了规则，即使战争没有使用生物武器、化学武器、没有虐待囚犯等。在这些情况下，还有督察、裁判、仲裁机构的人员进行监督。

（四）必须是双方争夺的同一对象

竞争的目标必须物化为一种可以进行比较的对象，才能构成竞争。例如，商业竞争以利润为对象；大学之间的竞争以世界著名大学排行榜的排名为对象；学者之间的竞争以著述的数量、转引率为对象；战争则以制高点、桥梁渡口为对象；竞技运动的竞争以金牌、奖牌的数量为对象，等等。

三、参与社会竞争的必备条件

（一）竞争的平等性

除了上述两个来自竞争者自身的主观条件外，还有竞争的平等性、多样性和开放性等竞争场合所必备的性质。这些性质保证了竞争可以持续下去。

竞争平等是竞争参与者之间的等价关系。也就是说，参加比赛的所有人必须是相同的种族条件，以及统一的比较维度和标准。没有竞争的前提是无意义的伪竞争。考试各种候选人必须在每个人都是平等的标记之前，每个人在交易前都是平等的，双方都必须使用同样的货币，公民在法律面前必须平等。运动员必须做到每个人在规则前面是平等的。只有真正反映了竞争中的平等，优秀的人才才能突破，所有的工作才能提高效率。

（二）竞争参与者的自主性

参加比赛主体，比赛有独立决策能力和独立行动，这也是必要的竞争条件之一。各种各样的竞争正在迅速变化，各种机会都是暂时的，竞争对手必须及时应对，调整能力、独立意识是竞争取胜的重要条件之一。因此，自主、独立选择和决策独立、独立主导和使用独立权利是实现竞争不可或缺的，特别是要注重体育竞争。中国运动员在国际比赛中，失败的运动员、教练往往缺乏自主权。可以说，自主性是优秀运动员、教练的基本素质之一。

（三）竞争对象的开放性

开放是竞争性外部环境的重要组成部分。竞争的开放性，意味着每个竞争主体与主体之间的竞争，以及主体和外部环境之间的竞争。形成开放系统，允许竞争者在竞争过程中自由进出。高水平的竞争运动在我国相对闭塞，缺乏社会的开放性。

（四）竞争对象的多样性

为了满足竞争者多方面的要求，竞争对象必须在数量、质量、形态、特征等诸多方面形成差异性。人们的社会需求是多样的，不同性别、年龄、职业、专业，以及不同兴趣、爱好和身心条件的人有不同的竞争需求，社会应该开辟不同的竞争项目、竞争类型、竞争级别、奖励级别等予以满足。只有在一个万木争春的多样化竞争环境中，社会才能充满活力，人们才能充满朝气。

四、竞争分类

竞争存在的普遍性，可以对其进行多种形式的分类：以参与竞争的主体为标准进行分类，可以分成自然界的竞争进化与人类社会的竞争演进；以社会进步过程为标准进行分类，可以形成不同社会形态、社会制度之间的竞争；以领域、行业分类，可以分为经济竞争、政治竞争、军事竞争、商业竞争、科技竞争、教育竞争、体育竞争等；以参与竞争主体的数量进行分类，可以分为个体竞争与群体竞争。此外，以竞争的性质进行分类，还可以分为公开竞争与隐蔽竞争、内部竞争与外部竞争、文明竞争与野蛮竞争，等等。

五、竞技体育竞争的社会典范作用

（一）竞技体育是培养社会竞争意识的重要途径

1. 竞技体育可以增强青少年的竞争意识

优秀运动员在竞技运动中的日益增长的经验，特别是他们的不屈不挠的奉献精神，进取的态度，努力竞争的竞争意识，可以成为年轻人的榜样，激励他们在他们的学习和职业中不断进步。人们拥有竞争意识最重要的前提之一，是需要准备好承担各种风险。在竞技运动游戏中，大多数人以“失败”结束，赢得冠军的人很少，所以大多数人经常遭受竞争上的失败。

2. 竞技体育可以提高青少年的竞争技巧和能力

竞技体育不仅可以培养青少年的竞争意识，还让他们初步掌握了竞争技巧。各运动项目的技、战术训练，以及在比赛中的各种遭遇，使得青少年在竞争准备阶段时能注意捕捉信息，抓住要害，捷足先登，伺机而动，在竞争过程中能把握机遇，出奇制胜，舍小取大，扬长避短，还会开展心理攻势，做到攻心为上，不战而胜。

中国的传统文化中，儒家思想提倡的恭谦忍让的民族精神和淡化竞争、耻谈竞争的社会心理，是极不利于市场经济社会和现代化社会青少年培养的。从这个意义上讲，今天提倡竞技体育不仅有振奋民族精神的现实意义，还具有造就新一代民族性格的深远价值。

（二）竞技体育竞争是高尚的文明竞争

竞技体育为人类社会构筑了一个公平和规范竞争的模式。这是一个平等得使每一个人都乐于接受，通俗得使每一个人都能够接受的模式。它保障了这场竞争参与者的同等的资格、共同的权利和均等的机会，这就是规则面前人人平等。竞争的最终成败不在于人的一切先赋的不平等，而在于自身素质的高低和付出努力的多寡。这就要求参加竞争各方要通过训练，不断提高自己的身体技能、心理水平、战术意识和团队精神。

第三节 竞技体育与社会规则

一、规则概述

广义的规则，指的是由权威部门或某一群体规定或认可的，可供大家共同遵守的制度、法律和章程等。规则可以是书面形式的成文条例，如交通规则、课堂规则；也可以是约定俗成，流传下来的不成文的规定，如旧时的村规和家法。一个社会没有规则，就意味着社会秩序的脆弱，意味着社会民众的行为安全、心理安全缺乏基本的保障；没有规则，就意味着社会成员之间的互动缺乏必要的信任；没有规则，就意味着民众的“长期化行为”缺乏制度层面的支撑。

任何规则的形成都遵循一些基本的社会原则，如社会公正、引导竞争、优胜劣汰、多劳多得、实现双赢、寻求真理等等，这些原则越正确，规则就越稳定。任何规则都对特定场合中的特定群体有约束力：社会规则因得到多数社会成员承认和遵守而存在。规则是平等的，规则不仅是对所涵盖群体的共同要求，也是对制定者自身的要求。一项行之有效的规则要靠制定者和被约束者共同体现。

规则不仅具有普遍性，也具有多样性。规则涉及人们社会生活的各个方面，宏观而言，人们的社会流动、社会分层都有规则，如学历社会依学历对人群进行分层，而能力社会则依才能决定人员的流动。宏观而言，人们的收入分配、社会保障也有规则，或“按劳分配”“按需分配”。微观而言，人们的衣食住行都有既定的规则。各行各业都有自己的行规，各种社会组织与机构都有自己的章程。总之，规则使我们生活的社会更加和谐、更有条理。规则还是一种决策程序，有助于人们采取一种可预测的方式对待突发事件，也有助于人们合理地运用各种信息，使事物朝着预想的结果可持续发展。

与社会的明规则对立的还有“潜规则”“反规则”“规则”，这些都是破坏社会文明规则的不正当、非正义的规则，影响了人们的正常生活，是要揭露和摒弃的。任何规则不是一成不变的。在风云多变的现代社会，很多规则都在发生变化，以适应社会的迅速发展。我国从计划经济到市场经济，从建设小康社会到构建和谐社会，从快速发展到可持续发展，各种规则都在随着经济和社会发展的步伐而不断修改完善。

二、竞技体育的规则是社会法规的模拟

竞赛规则，是保证竞技体育开展公平竞争的法律性文件。它是以“法律面前人人平等”的基本原则为基础构成的。在民主法制社会里，它与其他法律形式一样，保证了人们以一种契约的形式相联系。竞赛规则的核心是对等，不承认除身体、心理技术以外的任何不平等。种族、财产、地位、阶级、运动经历等等，在竞技体育的比赛中都是没有意义的。

动竞赛规则具有模拟社会法规的性质。第一，竞赛规则和任何法律一样，必须明确适用的条件。各种不同的项目适用不同的规则。不同性质和级别的比赛，要制定特殊的条款，一般不能借用和类推。第二，竞赛规则必须对赛场上的各种动作行为做出明确的规定，并说明哪些是允许的、要求的或禁止的，以供运动员、教练员遵守。第三，和一切逻辑上完整的法律一样，竞赛规则也指明了违反规则应承担的法律后果。任何竞赛规则都具有罚责条款，并规定了对违例行为的处理方法。体育比赛之所以能使激烈竞争中的双方保持清醒的头脑，做到令行禁止，和规则具有的强制性是分不开的。第四，竞赛规则要明确指出判别胜负（得分与失分，成功与失败）的原则和指标，与一般法律不同。第五，竞赛规则必须具有权威性，必须形成文字，经过国家的体育权力机构或国际单项运动联合会审定公布，任何人都无法随意修改和解释。

体育规则可分为四类：一是构成性规则，规定着比赛的具体目标及达成目标时允许使用的手段，是比赛顺利进行的保证。二是规范性规则，规定着器械、场地的轻重、大小等方面，可被看成是构成性规则的延伸，与构成性规则相辅相成，保证着比赛的顺利实施。三是技战术规则，能影响

比赛的胜负。四是辅助性规则，规定着竞赛形势之外的一些问题，包括一些基本的安全或礼仪规则等。然而，各种规则的划分并不是十分清晰，它们有时相互叠加、相互补充，但最终目的都是为了保证比赛的顺利进行。

运动竞赛单靠规则做文字上的制约，由运动员自觉执行是不够的。运动竞赛还必须靠一定的社会控制来实现。这就是执行规则的裁判、检查、仲裁系统。有时候还必须借助新闻舆论的监督作用。这一点是竞技体育高度组织化、制度化的标志，也可以由此区别于一般的游戏活动。

竞技体育还具有完整的组织体系和严格的规章制度。国际上，有国际奥委会和各运动项目的单项体育组织，各国也都设立了竞技体育的管理机构。各国由于国情的不同，都确定了不同的训练体制和竞赛体制，形成了不同的运动员成才途径。同时还颁布了一系列有关运动员、教练员、裁判员的等级制度、奖励制度。目前，世界各国在这方面都有加强的趋势，并出现了东西方取长补短、相互借鉴学习的势头。

我们经常在经济领域和社会生活里听到、看到一种现象，就是体育活动中惯用的一些术语，如黄牌警告、红牌罚下场、“短平快”、规定动作、自选动作、越位等，被广泛地使用着。这说明体育的活动方式与市场经济社会中的人际关系和行为方式是契合的，支持着社会的管理；也说明现代体育与市场经济社会的生产方式是水乳交融的。体育不仅在社会管理和行为方式上可以给社会做示范，而且更重要的是它“在培养人类基本价值观念方面”做出了“更有效的贡献”，而“这种价值观念是各国人民得以充分发展的基础”。

三、竞赛规则的完善、改进与发展

运动竞赛的规则，是在不断完善、改进与发展的。“各种体育运动先于竞赛规则出现，只有体育运动发展到一定阶段，才会有规则产生。竞赛规则的不断完善，既推动技战术发展，又限制了运动技战术发展的任意性。反过来运动技战术的发展也促使规则的不断改进完善。在制定、修改和补充竞赛规则时，无论怎样细致周密地考虑、研究，都不可能达到完美无缺、一劳永逸的地步。新的竞赛规则的产生，引起一系列技术、战术的不断发展变化，解决了现实矛盾。然而，其中便孕育着技战术方面的新问题，需要更新的规则去解决新的矛盾。”

运动竞赛规则是运动竞赛的伴生物，是竞赛得以开展的前提和保证。竞赛规则有自身产生、发展、完善的历史，其内容和侧重点在各个时期的发展也有所不同。运动竞赛规则与体育运动技术的发展是相辅相成的。一方面当规则不能适应比赛要求时，人们就会对规则进行修改，消除比赛中的消极方面，以保持运动的活力，推动新的运动技战术的发展。另一方面，新技战术的出现，反过来又促进规则的变革。规则的每次重大改进，都极大地促进了体育运动的发展。

促进竞赛规则变化发展的外部动因主要包括：运动竞赛过程中的偶发事件；竞赛中的不道德行为；兴奋剂现象；公正性、准确性与判罚结果差异性的矛盾；竞技性与观赏性的矛盾；竞技性与商业化的矛盾；规则条文的相对稳定性与技战术发展的矛盾等。外部动因是促进竞赛规则发展变化的重要因素，竞赛规则发展变化的主要趋势为：改变比赛办法，缩短比赛时间，加快比赛节奏；更加注重比赛的观赏性和精彩性；更加注重技术的稳定性和对抗的激烈性；更加注重评判的规范性和准确性；加大反兴奋剂的力度。

修改体育竞赛规则的“利”在于：（1）促进体育运动的健康发展及运动水平的提高；（2）给弱队创造条件，给强队提出更高要求；（3）对运动员、教练员、裁判员提出更高的要求；（4）促进体育商业化及相关产业的发展；（5）促进群众体育的蓬勃发展。而“弊”在于：（1）影响体育运动的普及与开展；（2）使运动员掌握的技术、战术水平得不到应有的发挥；（3）造成人力、物力、财力上的浪费。

第四节　竞技体育与社会公平公正

一、社会公平公正概述

上一节我们阐述了有关社会规则与体育规则的问题。而在一个健康发展、安全运行的社会里，任何规则背后必定要以公平公正作为基本准则。公平公正的本质是给予每个人其所应得。可以说，公平公正是人类社会具有永恒价值的基本理念和基本行为准则。

公正与公平的概念相近，细微差别在于，公正带有一定的“价值取向”，强调“正义”“正直”；公平则看重“一碗水端平”，无差异。前者强调正当性，后者则提供了一种“同一的尺度”，防止出现双重标准。由于价值取向的不同，在传统社会不能实现的某些公正，在现代社会则有可能实现。在现实生活中，公平可以矫正某些“失当的”公正，而基于公正的价值取向，公平又可以对某些具体事情做变通处理。

公平公正是现代社会的制度设计和安排的基本依据。如果社会失去公平公正，就会成为一个不定型的、畸形的社会。在一个组织良好的社会里，每个人都接受，也知道别人在接受同样的正义原则，而且基本的社会制度可以普遍地满足，也普遍为人所知地满足这些原则。公平公正对于社会效率、经济效率的生成和促进，具有举足轻重的作用。社会成员在参与财富等社会资源分配之前，机会平等的规则要求摒弃先赋性的因素（如特权、身份、等级、财产）等不公正因素的影响，保证每一个社会成员能够有一个平等竞争的环境，能够得到公平公正的对待，能够通过自致性的努力，最大限度地发挥自己的能力。而在参与分配时，又遵循按照贡献进行分配的公正规则，使每个社会成员得到自己应得的那一部分。因此，就可以把对个人的利益驱动纳入良性的轨道，从而激发社会的活力。

公平公正还是社会实现安全运行的必要条件。只有整个社会遵循了公平公正的原则，社会的各个阶层、群体才能实现良性的互动，以及有效的、持续的整合与合作。

二、竞技体育是现实社会公平公正的榜样

竞技体育的竞赛过程，完全符合公平公正的社会原则。竞技体育活动参与的大众性，比赛结果评定的公开性，决定了竞技体育比赛必须是公平竞争的过程。人人可以平等地参加，并在活动中“获得与其天赋相适应的运动成就”已成为一种体现公平公正的权利，并写入联合国教科文组织的《体育运动国际宪章》。体育规则的制定、竞赛的组织、胜负的判断、人才的选拔都有充分的公正性，常常令许多社会活动家、政治家们羡慕不已，视其为一种实现社会公正的典范。在这里，每位运动员都享有参与与退出、选择与被选择、解释与申辩等民主权利。但体育比赛中的权利不是无限度的，它是在严格控制下发展的。规则和其他竞赛文件，使参与者形成一种“契约关系”，即力争最大限度发挥自己的能力战术，同时又要承担义务允许对手在平等地位上与自己竞争。这一点恰是一个公平公正社会成员必须具备的心理品质。

竞技体育的各种比赛是必然性与偶然性共同作用的结果，具有预先不可确定结果的性质。偶然性越大，结果的不可确定性越强。这是竞技体育区别于其他文化活动而独具魅力之处。竞技体育竞争与经济、政治、军事竞争不同，因为后者都是靠绝对的实力来说话的。我们常说的“弱国无外交”就是指这种不对称的竞争。体育比赛也与音乐、舞蹈、戏剧、电影、杂技表演不同，不是按既定的乐谱、脚本、程式、设计来逐步实现的，因此没有预定的结果。在体育比赛中存在的偶然性，如各种突发的事件、情节使竞技体育更具有新闻性与文学性，使之成为人们社会文化生活关注的热点。比赛结果的不确定性增加了竞赛的公平性和竞争性，它可以给每一个参与者以平等的机会进行较量尝试，他们不可仗恃已有的运动经历和运

动成就居功自傲，它也鼓励运动新手免除自卑自怯心理，以平等的地位参加角逐。竞技体育领域之所以能实现及时、合理的新老交替，永远保持青春活力，与比赛结果的不确定性有很大关系。

有效和公平竞争的体育竞赛结果往往取决于其开放性。这种开放性是所谓的“透明度”。宣传竞争是社会正义的主要标志，竞争如果不是对公众，是不可避免的怀疑竞争的可信性和可靠性，以及合理性和合法性。倡导竞技体育竞赛，最有价值的是它在眼下，是一种高度反映公平竞争精神的体现。

三、维护竞技体育中的公平、公正

（一）抵制一切破坏竞技体育公平公正的行为

由于利益驱动，在竞技体育领域中，存在破坏比赛结果不确定性的暗流，如“君子协约”、冒名顶替、年龄作弊、资格顶替、偏袒一方、分配金牌、服用违禁药物，等等。赛场的赌博行为或商业行为都有可能操纵比赛结果。一旦比赛结果不确定性遭到破坏，人们就受到愚弄，竞技比赛的公平公正的尊严就会遭到亵渎。这些行为不仅要靠竞赛规则、仲裁与各种法制手段加以控制，还要受到社会舆论的监督。对于破坏竞技体育公平公正的行为，有的需要纪律约束，有的要给予行政处分，有的甚至要追究刑事责任。

（二）竞技体育追求既定的功利目标，传播和宣扬某种价值观念

竞技体育参加者的功利追求，只有和观众的功利追求相吻合时，才能产生社会价值。甲方的观众和舆论，对乙、丙两方的比赛的功利兴趣不会很大，而当甲方参与其间，或甲方的名次取决于乙、丙两方的胜负和比分时，甲方的观众就会有明显的倾向性。高级别竞赛活动的功利所能波及的范围会更大些，有时能对社会产生震动。而能使观众置身其中的低级别的竞赛同样可以牵动人心。因为后者的功利更直接、更公开，更与观众的利益紧密相关，能产生较大的心理影响。

正因为竞技体育具有这样强烈的功利目标，其比赛中的公开、公平、公正的问题就变得十分突出，因而成为社会的热点问题。

第五节　竞技体育的分类

一、商业化竞技体育

商业竞技体育，在我国亦称职业体育。它具有非正规竞技体育与组织化竞技体育的某些要素，但已被某种商业目的或企业文化目的控制。这种竞技体育是一种商业行业，或者是一种强权政治的延伸。这种竞技体育具有高度组织化的特征，参与者被分割成对立的利益群体。

在创办现代奥运会的初期，倡导者顾拜旦和一些欧美绅士就坚定地提出了抵制职业体育的立场。如同非政治化、非商业化、非女性化等早期奥林匹克原则一样，非职业化原则带有明显的复兴古奥林匹克传统的理想主义色彩。然而，从现代奥运会诞生之日起，非职业化原则就引起人们的争议。由于对非职业化原则的概念和定义的理解不一以及其他因素，现代奥运会历史上曾发生过多起获奖牌运动员参赛资格问题的争议事件，也发生过国际单项体育联合会和国际奥委会之间关于是否允许职业运动员参加奥运会问题的纠纷。

1980 年，国际奥委会从章程中删除了业余规定。国际奥委会赋予各国单项体育联合会决定允许什么样的运动员参加奥运会的权力。国际奥运会和国际足球、马术、冰球、网球、篮球等国际联合会在 1986 年至 1989 年期间，先后达成了允许职业运动员参加奥运会的协议。1988 年，奥运会职业运动员的参赛，标志着国际奥委会向职业运动员的开放迈出了重要的一步。从职业体育发达的国家的经验来看，发展职业体育应具备几个条件：首先，项目本身具备财政来源，能够弥补和保证职业运动员的开支。该项目普及率较高，观众人数较多，具备现代化的体育设施。国内生活水平要达到较高水准，居民的相当一部分开支可用于休闲和娱乐，人们普遍把竞技体育作为一种不可缺少的娱乐活动。其次，要建立起一系列有关职业竞技体育的法规和制度，包括教练员与运动员关系的合同制、职业俱乐部之间的转会制、俱乐部与赞助厂商之间的契约制，以及保障职业运动员权利和地位的法律制度等。再次，具备职业体育组织结构，建立职业俱乐部或职业代表队，拥有一批水平较高的职业运动员。

因此，职业体育发达国家目前主要为美国和部分西欧国家。其他国家尽管开展职业体育项目，但由于受社会经济条件的制约，其发展道路举步维艰。在尚不充分具备发展职业体育的国家，全盘照搬西方模式是不行的，只能根据本国的实际条件学习和借鉴西方国家的先进做法，走适合本国社会发展需要的职业化道路。

在我国，职业竞技体育体制正在形成和发展，足球、篮球、乒乓球、羽毛球等项目已开始试行职业体育的俱乐部制。这类竞技体育是否符合我国国情，能产生什么样的经济效益和社会效益，与原体制发生的矛盾如何解决等等问题，还有待实践者和体育社会学工作者进行研究论证。但从市场经济发展的趋势来看，部分竞技体育项目逐步走向职业化和商业化，是我国体育改革的必由之路。

二、组织化的竞技体育

组织化的竞技体育与非正式的竞技体育的区别在于：前者有一个基本的社会组织存在。为了能够做到更加公正平等地进行比赛，它有正规的球队、团体和成文的章程、规则，以及有关的组织体系，并提供运动设施、管理人员，在有争议时可以出面仲裁，还为参加者提供训练和比赛的资格和机会，维护参加者的合法权益。国外的体育协会、俱乐部、青年会、大学球队、中小学的“小团体计划”、运动部，都属于这类竞技体育组织。

我国的优秀运动队（体工队）、运动学校、业余体校、厂矿企业和高等学校办的高水平的运动队，也都属于这一类。这一类组织是在竞技体育的基本体育宗旨和业余原则指导下开展活动的，是社会发展高水平竞技体育的主体，也是最需要进行改革和发展的部分。

以俱乐部的形式发展竞技体育，已经成为世界通行的方式。这种民间的自发组织形式可以充分调动全社会参与体育的积极性，也是鼓励社会广泛参与的途径。在我国，各种俱乐部基础还很薄弱，导致高水平竞技体育的基础十分脆弱，这一点需要引起足够的重视。

三、非正规竞技体育

非正规竞技体育，指参加者为了娱乐健身而进行的游戏性的身体活动。这些活动有一定的规则指导，但某些条款却是由参加者临时协商制定的。这类活动组织松散，不一定有裁判，不一定有明确的功利目的，多数人不是为了达到较高的运动技术水平而参加的。这类竞技体育包括学校班级间的非正式比赛、邻里间的竞赛、大众体育中的初级竞赛活动以及工矿企业中的小型运动会等。

第六节 竞技体育的社会价值

竞技体育对人类和社会的价值是多方面的。本节就其教育、政治、经济、文化等方面的价值做简要介绍。

一、竞技体育的社会文化价值

（一）竞技体育是提高社会道德水平的规范文化

竞技场上的体育道德，是社会公德的重要组成部分。运动员道德又是一种对青少年影响至深的职业道德。竞技体育所传播宣扬的奥林匹克精神、奥林匹克原则、体育道德，都具有很高的社会理想价值。竞技体育中树立的公正、民主、竞争、协作、团结、友谊、谦虚、诚实等道德观念，是社会不可缺少的规范文化，对青少年乃至全体社会成员，都具有教育意义。

（二）竞技体育是一种庄严肃穆的礼仪庆典文化

体育的起源总是与民间节日或宗教仪式有关。体育活动连接个人和群体，仪式运动之间的关系具有重要的社会意义。刘晓聪认为，仪式的本质是一种社会行为，任何参与联合公共行动的人都说，参与者接受了共同的社会道德秩序，秩序超越了他们的个人地位。

在各种社会和文化活动中，竞技体育和国家礼仪庆典总是同时出现。除了国旗、国歌、点火炬、承诺、敬礼、敲响大钟、放礼花之外，还有一些其他的户外活动。

（三）竞技体育是提高审美意识的情感文化

在竞技运动视野和欣赏的过程中，人们的健康和美丽、服装美容、物理美容、道德美容得到了欣赏。这种欣赏可以净化社会情感，提高社会的美学气质和兴趣，培养社会心理学。以此欣赏体育新闻、体育文学、摄影、电影电视、体育邮票、体育纪念品、体育服装、体育建筑等文化形式的繁荣发展，能从不同角度丰富社会情感文化。

（四）竞技体育是记录人类潜能的人体文化

每一个新的成就、竞技运动新的记录、新技术的诞生，都标志着人类运动能力的进步。独特的竞技运动体育，促进每个参与者应该练习使用新的科学技术成就挖掘他们的最大潜力。因此，竞技体育不仅充分记录了人类潜能的发展过程，还记录了社会经济、政治、科学、教育等发展程度，以及人类能力之间的关系。从某种意义上说，综合评价竞技体育的力量，往往可以说明社会文明的程度。

二、竞技体育的教育价值

（一）竞技体育是造就全面、协调、完善发展的人的一种重要手段

竞技体育进入学校运动场，是当代世界体育的一个特点。自20世纪以来，学校运动面临的第一个问题就是如何克服传统体育教材的形式化、集体化和建模。许多国家提出以人的体育锻炼为目标的教育，应以个体为主体。由于竞技体育的教育功能比体育本身的功能大，竞技运动可以使人的身体和心灵都参与运动，充分体验人类运动的乐趣，培养长期积极参与体育锻炼的习惯。

（二）竞技体育促进人的社会化

竞技体育对实现人的社会化具有特殊的作用，主要表现在以下几方面。

（1）它不仅可以提高青少年的身体素质、运动能力、生活适应能力，使他们增长社会知识，还可以对他们的思维意识、道德品质、行为规范，产生重要影响。

（2）它是青少年儿童的主要社交场合之一，对他们的社交能力、独立工作能力的提高，有着积极作用。

（3）它为人们提供了改变自身的社会地位，争取个人事业成功的社会榜样。广大青少年可以从优秀运动员经过努力拼搏取得胜利的事件中，得到启示和鼓励。

竞技体育促进人的社会化，可分为以下两个阶段。

（1）进入竞技体育的社会化（socialization into sport）阶段：指少年儿童接受各种社会影响，认识竞技体育，产生兴趣，加入其中的过程。

（2）通过竞技体育的社会化（socialization via sport）阶段：指青少年通过参加竞技体育，在身、心、群诸方面发展成熟起来，为日后踏入成年社会打下基础的过程。在我国，竞技体育的社会化价值尚未引起教育界和家庭的足够重视，还有待进一步的开发和阐释。

三、竞技体育的经济价值

竞技体育作为社会体育娱乐行业的一部分，已经受到人们的广泛重视。在一些工业发达国家，体育娱乐业已发展成国民经济的支柱性产业。这个产业属于第三产业，是朝阳产业、无烟产业，对实现国民经济的经济结构改善有重要的作用。

举办大型运动会是竞技体育的一种可带来巨大经济效益的活动。直接的收入是售卖门票、彩票、纪念品、广告、电视转播权等。间接的收入是促进旅游、交通、通信事业的发展。目前，竞技体育、广告与电视转播已紧密结合，互相支撑，成为推动竞技体育发展的主要经济动力。竞技体育的各种协会、俱乐部和比赛活动的经济收入，不仅维持和发展了它自身的正常运作，也可以为社会开辟一种新的就业门路。在这个领域中，有一种有害于社会的经济活动，即体育赌博。这种赌博利用一些人不劳而获的侥幸心理导致倾家荡产，进而引发各种犯罪行为，这是我们坚决反对的。

四、竞技体育的政治价值

（一）作为政治手段的价值

在社会学中有一个“社会认同”的概念，科尔曼指出它包括对直接亲属的认同、对国家的认同、对雇主的认同、对主人的认同、对势力强大的征服者的认同、对社区的认同、对法人行动者和其他行动者的认同。其中，对国家的认同非常重要。郑富兴认为所谓“国家认同”，就是对国家的认可和接受。钱熠、张瑞玲则认为国家认同感是个人承认和接受自己的民族文化和政治身份，并产生归属感。在全球化的今天，不断加强对青年的国家认同感的培养迫在眉睫。

竞技体育对维护政治统一、民族团结和社会稳定，具有积极作用。竞技体育是集聚社会力量的一种形式，它作为一种社会语言，容易为不同阶级、阶层，不同职业、信仰的人所接受。因此，政治家们十分重视竞技体育在这方面的作用。

竞技体育也起着振奋民族精神、唤醒民族意识、维系民族情感、增强民族凝聚力的显著作用。钱熠、张瑞玲说，竞技体育对改善海外侨民的政治地位，加强他们对祖国的归属感也有重要的价值。2008 年北京奥运会无疑可以提高我国的国际声望，激励我国青年的民族自信心，增强青年的凝聚力，从而鼓舞青年人兢兢业业为祖国，做出自己的贡献。

（二）作为社会稳定手段的价值

竞技体育为人们提供了发挥精力的业余活动场所，从而减少或避免了人们把精力用于危害社会方面，对社会的稳定起到积极作用。一些国家利用竞技体育比赛的特定场所，供球迷、体育爱好者发泄情绪、宣泄感情，以降低对社会、职场、家庭的破坏力。这一点对减少青少年的暴力犯罪尤为重要。

（三）作为外交手段的价值

竞技体育是一种国际政治，为了提高与发达国家人民之间的国际关系、友谊与合作，文化交流是最常见的方式之一。有时它甚至是国际政治的先驱，是外交活动的前奏。20 世纪 70 年代中美关系正常化，是从乒乓外交开始的。“乒乓外交”现在已成为解决国际争端的第一体育外交模式，用于融化国与国之间的冰行动。

第六章　社会体育管理体制及产业化发展理论

在21世纪的今天，我国社会体育管理体制以及社会体育的产业化发展已经进入到了一个较高的层次，且这种发展势头依旧迅猛。为了能够进一步巩固良好的发展势头，为大众提供更加丰富的社会体育服务，了解其管理体制和产业化发展的理论就显得很有必要。因此，这就是本章要重点研究的内容。

第一节　我国社会体育的管理体制

一、社会体育管理体制的含义

从词语的释义上来看，体制是指体系与机制的总和。由此可以引申出社会体育管理体制的含义，即指国家管辖调控社会体育事务的责权划分、组织结构、职能配置与运行方式、运行机制等的总和。

社会体育管理体制的组织体系有两种类型组成，分别为政府组织类型与社会组织类型。这个管理体制的核心内容是责权的划分和职能的配置，职能配置的本源就是责权的分配。从管理学的角度上看，组织结构是管理体制的主要表现形式，同时它也是责权与职能共同的重要组织载体。运行机制是管理体制的灵魂，这主要是因为运行机制是管理能够最终取得成效的实施手段，它是体现在决策、实施、反馈、调整等一系列运行方式上内在的东西。一个管理体制若没有一种自行维护其组织在对内对外交往过程中保持和谐高效运转的基本功能，那么这个管理体制就不是一个完善的管理体制。

在现代，我国拥有大小不同、层级各异的组织负责管辖、调控社会体育事务，如各级体育事务行政部门、群众性体育组织、体育社会团体和基层体育组织。这些官方的和非官方的体育组织共同构成了我国社会体育管理体制的组织系统。

二、体育行政部门

（一）国务院体育行政部门

所谓国务院体育行政部门，实际上它的正式名称为“国家体育总局”。实际上，中华全国体育总会也是我国国家级体育管理部门。但在实际运行过程中，两者大多数职能职权表现出了明显的趋同性。因此，本着节约资源和权力集中的原则，根据1998年国务院关于机构设置的规定，国家体育总局与中华全国体育总会安排为一个机构、两块牌子，是国务院主管全国体育工作的直属机构。

国家体育总局设九个职能司（厅），具体包括办公厅、群众体育司、竞技体育司、体育经济司、政策法规司、人事司、对外联络司、科教司、宣传司。其中群众体育司是国家体育总局负责社会体育的职能部门。群众体育司的主要职责是：研究拟定群众体育工作的发展规划，推行全民健身计划，监督国家体育锻炼标准的实施，开展国民体质监测；指导和推动学校体育、农村体育、城市体育及其他社会体育的发展。

（二）国务院其他有关部门

由于体育所涉及的领域非常广，因此，为满足社会对体育的不同需求，国家级体育行政部门除了专职的国家体育总局外，还有一些国务院其他有关部门也在做着一些与体育有所关联的事务，其中，社会体育工作就是比较典型的内容。这类管理有两种类型。

一种是国务院有关部门按照国务院体育行政部门的统一部署，直接管理本部门的体育工作，如教育部门需要参与管理校园体育教育工作或其他校园体育活动的宏观战略性管理工作；国家民族事务委员会也会参与一些少数民族体育工作事务；农业部、铁道部、公安部等负责本行业的体育工作等。

另一种是国务院有关部门在自己职权范围内开展与体育有关的业务管理工作，如民政部要依法对不同级别的（通常为国家级、省市级）的社会体育团体进行团体组织登记和管理工作；而公安部则要依法对各类体育活动的治安问题进行管理、引导和监督；国家工商行政管理局、国家税务总局对体育经营问题和税收问题依法进行管理等。

（三）县级以上地方各级人民政府体育行政部门或本级人民政府授权的机构

县级以上地方各级人民政府体育行政部门是指省、自治区、直辖市；地级市、地区、自治州、盟；县、市辖区、县级市、自治县、旗等人民政府设置的体育局或体育与其他部门合署办公的机构，如文化体育局、教育体育局等。这类体育行政部门主管本行政区域内的体育工作，包括社会体育工作。这类体育行政部门中一般设有群众体育处或群众体育科等职能部门，或在业务部门中设专人负责社会体育工作。本级人民政府授权的机构依法具有主管本行政区域内体育工作的权力。本级人民政府授权的机构是指在我国一些地方，主要是县级政府机构改革后，有些县级人民政府不再设立体育行政部门，而将原有的体育行政部门转变为事业单位或体育社会团体。但本级人民政府仍然授权这些单位行使主管本行政区域内体育工作的行政职权。这是我国行政体制改革中出现的新的行政机构形式。

（四）县级以上地方各级人民政府的其他有关部门

县级以上地方各级人民政府的其他有关部门的情况，与上述国务院其他有关部门的情况相类似，如教育、民族、农业、公安等部门各自负责管辖行政区域内本行业的体育工作。民政、公安、工商、税务等部门负责开展与体育有关的业务管理工作。

（五）乡、民族乡、镇政府的其他有关部门

乡、民族乡、镇人民政府在我国被视为基层政府，这些政府机构日常所做的工作将直接作用在人民的生产生活上。这其中也一定不会缺少对人民体育活动的组织与管理。

作为我国基层的人民政府，对领导和管理辖区内体育工作负有责任。为此，我国还特意在《体育法》中对基层政府的体育管理职能做出明确要求，规定“国家发展体育事业，开展群众性的体育活动，提高全民族身体素质”，规定“地方各级人民政府应当为公民参加社会体育活动创造必要条件，支持、扶助群众性体育活动的开展”，规定“乡、民族乡、镇政府随着经济发展，逐步建设和完善体育设施”。

当前，在我国许多地区的乡、民族乡、镇政府，同时也包括城市街道办事处，都将社会体育工作列入政府工作内容，指定某一职能部门或人员负责社会体育工作，辖区人民体育活动的开展也成为了年终考核的重要评测内容。

三、与体育有关的群众组织

体育相关社会团体主要包括那些职能范围内有与多种形式的体育活动相关的职能部门。这些职能部门具体包括工会、共青团、妇女联合会、青年人联合会和残疾人联合会等。

从职能部门工作的针对对象来看，工会、共青团、妇联等社会团体是面对的特定人群。作为某一部分人群的群众性组织，这些社会团体具有完善的组织系统，从中央到地方，以至于很多机关、企业事业单位都有自己健全的组织机构，如全国共青团、各省市共青团以及区县和地区共青团等。健全的组织系统自然为开展体育活动提供了组织保障。这些社会团体对本团体成员的体质与健康负有一定的责任，应当组织其成员开展体育活动。以服务对象为广大企事业单位工人协会（工会）为例，国家制定的《工会法》规定：“工会会同行政方面……组织职工开展文娱、体育活动。”从全国总工会到地方各级工会，从行业工会到基层单位工会，普遍设立职能部门或人员负责职工体育工作，积极开展职工体育活动；共青团也同工会一样设立职能部门或人员负责青年体育工作；全国残疾人联合会和部分地方残疾人联合会也通过残疾人体育协会，开展残疾人体育活动；其他社会团体也以此为例开展体育活动。

四、基层体育组织

基层体育组织包括街道办事处（社区）体育组织、乡镇体育组织、基层单位体育协会、社会体育指导站和青少年体育俱乐部。

（一）乡镇体育组织

乡、镇政府作为我国农村地区的基层政府，在其职能范围内有组织各种社会体育活动的义务，并且在近年来这项工作已经被纳入年终考核的测评标准中。从整体制度上看，我国法定体育行政部门在乡镇一级不设有相应体育事务管理部门，但是为了发展当地的体育事业，特别是群众体育事业，乡镇政府都成立了不同类型的体育组织，并且大多数体育活动的组织开展工作均交由乡镇文化站负责。

这些基层体育组织或代表乡镇政府行使体育管理职权，或作为乡镇政府的助手，组织协调当地体育工作，开展群众性体育活动，成为我国农村体育的重要组织力量。

（二）街道办事处体育组织

街道办事处是我国城市辖区政府的派出机构，是城市各地区管理的基础部门。街道办事处负有开展群众性体育活动、增强当地人民体质的政府职责。同乡镇体育组织一样，街道办事处也不设有专门的体育行政管理部门，因此，以街道办事处为依托的社区体育协会（或称街道体育协会等）应运而生。

在现代我国城市中，社区成为群众普遍的聚居单位，社区居委会也就成为了最亲民的一级“政府机关”。因此，为了开展好社区体育活动，落实街道办事处的体育活动开展计划，大多数社区均纷纷成立了社区体育协会。此外，街道办事处还有依托某一区域管理机构或驻地实力和条件优越的企事业单位的地区体育协会，依托住宅区管理机构的居住小区体育协会等。这些群众性的基层体育组织，作为街道办事处、区体育行政部门或某些机构行政的助手，负责组织、协调和管理当地社会体育工作。

（三）基层单位体育协会

基层单位体育协会，是指我国基层企业、事业、机关单位自行组织成立的以组织职工开展多种体育活动为职责的体育协会。基层单位体育协会也属于一种业余性质的群众体育组织。该体育协会的具体负责部门通常为各单位的工会，它的任务是在单位内部开展体育宣传活动，吸引和组织职工经常参加体育锻炼，以此达到丰富职工业余生活、提高职工健康和运动技术水平的目的。这种遍布我国基层单位的体育组织，对发展我国职工体育发挥了巨大的推动作用。特别是在21世纪的今天，通过对职工体育的改革和探索，我国基层单位体育协会将继续发挥自身的重要作用。

（四）社会体育指导站

社会体育指导站，是指在当地体育行政部门或街道、乡镇政府领导或指导下，开展群众性体育活动的体育组织。社会体育指导站是在我国大力提倡全民健身运动理念和全民终身体育理念下应运而生的，力图以通过在城乡地区设立密集的社会体育指导站，并在站中配备专业的社会体育指导员的形式，更好地指导大众开展健身活动。为此，现代多数体育专业院校都开设有社会体育专业，以期为社会体育指导或提供充足的社会体育指导员人才。

从职能角度上来说，社会体育指导站一般拥有组织、指导和阵地的三项职能。

（1）组织职能，即吸引和组织体育爱好者前来参加体育活动。

（2）指导职能，即对前来参加体育活动的体育爱好者进行体育指导。

（3）阵地职能，即为活动者提供场地，并保持体育活动的科学、健康、文明。

（五）青少年体育俱乐部

体育运动的启蒙要从娃娃抓起，因此，针对青少年开展的多种体育活动和组织对培养青少年掌握良好的体育健身方法和意识是非常重要的。由此，青少年体育俱乐部应运而生。

青少年体育俱乐部在我国的出现还要追溯到20世纪末期。它是由国家体育总局使用体育彩票公益金扶持试点进行的，依托单位现有体育设施，为青少年课余参加体育活动，传授体育知识和技能，发现和培养体育人才的社会体育组织。

青少年体育俱乐部大多依托于地区少年宫或业余运动体校。这种体育组织是社会化、公益性的。它的职能与任务类似于体育指导站，是组织指导青少年课余体育活动的最基层的体育组织。

五、体育社会团体

（一）各级体育总会

我国最高级别的体育总会为“中华全国体育总会”。此外，不同级别的地区还拥有相应级别的地方体育总会。各级体育总会是体育工作者的群众性体育组织，是在民政部门登记的体育社会团体。

中华全国体育总会是全国群众性体育组织，成立于1949年，由旧中国的最高体育管理机构改组而来。中华全国体育总会成立以后，各省、自治区、直辖市纷纷效仿，成立相应级别的体育总会以便于相互对接。除按行政区划分的体育总会“分支”外，全国性单项体育协会，全国性行业系统体育协会，中国人民解放军的群众性体育组织也可以申请加入中华全国体育总会，成为其团体会员。目前，县级以上地方基本成立了体育总会。各级体育总会中一般都设立群众体育部门，负责社会体育工作。

在各级体育总会的宗旨中明确提出：联系、团结广大体育工作者，努力发展体育事业，普及群众体育运动，提高全民族身体素质；促进社会主义物质文明和精神文明建设；为建设有中国特色的社会主义服务。在各级体育总会的任务中明确提出：要宣传和推动群众性体育活动的开展，大力促进体育改革；通过体育活动对广大人民群众特别是青少年进行教育，培养优良品德。

（二）各级行业系统体育协会

行业系统体育协会，是指在民政部门登记的体育社会团体，是按行业或系统组织起来的群众性体育组织。其主要职责就是在本行业或系统行政领导下，吸引和组织本行业或系统的职工或成员参加体育活动，开展本行业或系统的社会体育工作。

全国性的和省级、地级、县级的很多地方都成立了行业或系统体育协会，并设立了专门办事机构或工作人员，卓有成效地开展工作。

（三）单项体育运动协会

单项体育运动协会，是指按运动项目组成的群众性体育组织。不同运动项目均设有国家级协会，如中国乒乓球协会、中国足球协会等。为此，各地区不同级别也成立了相应的单项运动协会与上级协会对接，如省级、地级、县级的很多地方也都成立了运动项目协会，并设立了专门的办事机构和人员。

各个运动项目协会的章程都规定了要组织广大人民群众，特别是针对青少年和中老年人参加本项目活动，普及该项运动。这就表明，作为基层的运动项目协会，由于地域与对象的原因，其主要任务是在群众中普及该项运动。就是全国性运动项目协会，也同样负有将本项目推广到社会体育中去的职责。

运动项目协会所包括的项目是奥运会项目或大型竞赛活动的非奥运会项目。成立全国性运动项目协会的包括田径、游泳、体操、足球、篮球、排球、乒乓球、羽毛球、网球、射击、射箭、棒球、垒球、高尔夫球、保龄球、台球、举重、摔跤、柔道、拳击、击剑、技巧、赛艇、皮划艇、自行车、无线电、航海模型、帆船帆板、摩托艇、滑水、水下、航空、软式网球、手球、曲棍球、地掷球、围棋、象棋、国际象棋、桥牌、马术、现代五项、滑冰、滑雪、冰球、雪车、雪橇等运动项目协会。其中，以田径、游泳、“三大球”（足、篮、排）、“三小球”（乒、羽、网）等运动项目协会开展的体育活动在基层最为普遍。

（四）传统体育项目协会

传统体育项目协会，是指按我国传统体育项目组成的群众性业余体育组织。该协会同属于在民政部门登记的我国正规体育社会团体。这些协会的职责主要是在群众中推广、普及传统体育运动。

成立全国性传统体育项目协会的包括轮滑、龙舟、毽球、风筝、钓鱼、信鸽、冬泳、太极拳、舞龙舞狮等项目。传统体育项目协会在各地比较普遍，它极大的丰富和完善了我国体育项目，在这些“小”项目的活动组织中发挥了非常积极的作用。

第二节　社会体育产业概念解析

一、体育产业的概念

在研究社会体育产业相关问题之前，首先要正确理解体育产业的概念。事实上，对于诸如体育产业的基本概念和分类的问题，到目前为止还没有形成在全世界的共识。虽然有很多专家和学者对这个问题进行了一些研究，也尝试做一些定义，但这些结果往往带有一些局部色彩，或者只是从一个特定的角度，整体上没有绝对的普遍性。因此，这不能是体育产业的最终定义。后来，一些专家认为，体育产业分为四大类，具体如下。

（1）体育本体产业，如群众体育消费活动、运动训练与竞赛、场馆经营等。

（2）体育支柱产业，如体育彩票、无形资产的开发等。

（3）体育相关产业，如体育旅游、广告、赞助、服务、物质生产等。

（4）体育周边产业，如宾馆、餐饮、交通等，其主要目的为以体育活动为主线，紧密围绕其展开创收活动。

事实上，理解体育产业的意义也可以从广义和狭义两个方面考虑。如果从广义体育产业的角度来看，体育产业作为体育文化和国民经济承诺的一部分，其相关类别应包括体育用品生产、开发、流通和服务等领域，如果从狭义的角度来解释，体育产业指的是体育本身作为一类商品和服务的商业活动。

二、社会体育产业的概念

在大体了解体育产业的意义后，才能开始研究社会体育产业的意义。了解社会体育产业可以继续使用与体育产业相同的广角和窄角方法。从社会体育产业的一般理解的角度来看，社会体育产业是体育产业。由于当前体育市场的存在，并且与大众运动消费和关系密切相关。例如，没有消费者的参与，竞争绩效市场是不可能存在和发展的。此外，不是一般公众利益和热情的运动和运动竞争市场直接关系到体育媒体市场的发展，在对社会体育产业的狭隘理解的认知上，社会体育产业是群众体育活动之一，与产品生产、销售和服务各种产业之间直接相关。

社会发展体育产业需要建立在两个基本点上，一是体育产业的社会发展，人们没有足够的时间和金钱参与社会体育产业或服务的活动，另一种是人们的生活方式和消费模式的变化，特别是逐渐形成健康的生活理念和行为，近年来随着我国普及推广大众健身活动的不断深入，健康生活观念逐渐形成，人们也越来越注重自己的精神健康和身体锻炼。

第三节　社会体育市场研究

一、我国社会体育市场略析

通过分析体育产业的相关内容可以知道，社会体育营销活动在市场消费材料产品中主要包括体育消费和体育服务产品消费两种。其中，运动产品消费主要包括运动服装、运动器材等，体育服务产品消费主要包括体育旅游、体育升值和体育训练。在我国目前的体育市场上，发展水平高低不一，但总体上仍然是一个积极的态势。

（一）体育旅游市场

体育和旅游，乍看这是两件事，没有什么太大的关联，体育产业逐渐发展，人们将体育和旅游进行完美结合，然后开发出一种新的体育市场模式，即体育旅游市场。体育旅游是体育和旅游资源相结合的互补、互利的存在形式。近几十年来，体育旅游逐渐被人们认可，并在世界上许多经济发展水平较高的国家得到推崇，我国也是其中之一，在探索和发展体育旅游的道路上不断前行。

体育旅游起源于欧洲和美国发达国家，人们非常喜欢与大自然接近，他们对高山滑雪、远足、沙滩沐浴、悬崖攀岩、漂流和探险项目非常热衷，在这些活动中，似乎是运动和旅游产品的结合。亚洲出现较早的全国体育旅游模式是日本，日本的许多景点也有相应的体育娱乐项目和设施，为游客提供体育健身娱乐服务。在我国，除了个别区域，个别景点，体育旅游仍然是行业发展的前景，体育旅游的概念也需要得到群众的进一步认可。但正是由于中国体育旅游业尚未开始，因此，体育旅游仍处于起步阶段，发展的预期价值可想而知。

（二）体育用品市场

体育用品在社会运动中的意义非常重要，它是进行大众体育活动最根本的物质条件，消费者对各种体育用品需求是社会体育用品市场发展的根本动力。例如，在运动员参加篮球运动比赛的时候，首先需要准备的就是篮球鞋与篮球服，他们的这种需求就要在体育用品市场实现。

由于许多历史原因，中国现代运动体育和大众运动的发展晚于西方发达国家。中国改革开放，随着体育市场的振兴，体育用品产业从小到大，从计划到市场，从模仿到创新，终于走向世界，取得了显著的成绩。目前，我国已成为世界领先的运动服装设备生产基地之一。良好的环境使运动用品企业蓬勃发展，今天，在数量和质量方面都迅速上升，产品质量、技术水平、生产能力和综合实力取得了长足的进步。

（三）体育培训市场

体育训练市场，是指训练人们掌握一些运动技能或知识的体育服务任务。它是社会运动市场的一部分。首先必须承认的是，体育训练市场的一些健身娱乐的性质是包含在颜色上的，比如喜欢网球运动在空闲时间参加网球训练营训练活动，通过接受系统的网球训练为心灵和身体提供较好的锻炼环境。但这不仅是体育训练市场的目的，它的作用是直接为所有年龄（大多是中年以下）层的人提供更专业的运动训练服务，训练的目的可以是健身娱乐需求，也可以使参加培训的人掌握一些运动技术。但从目前中国体育训练市场的形势来看，体育训练人群大多数为年轻人。

西方发达国家的体育训练市场发展相对比较完善，体育训练是成熟的，涵盖了大市场。青年体育技术技能掌握或在运动成绩方面，主要通过参加学校和社区体育俱乐部的培训和获得培训场所设施、先进的概念，使许多人有运动的追求。在体育训练组织和全国各地和俱乐部周围的各个角落，许多著名运动员也加入了退休后的健身行列。

近年来，随着我国体育运动和群众运动水平的提高，体育训练市场也具有吸收外国训练方法的特点，并试图在中国开展。由于需求的增长，个人、机构和单位数量的增加，参加体育训练中国已形成了整个社会参与的情况。社会需求的不断增加，在一定程度上也增加了社会体育市场的不断完善与整合。

（四）健身娱乐市场

体育娱乐市场，它是指向满足消费者身体健康、娱乐、休闲和运动等技术指导服务的需求，如商业产业。商业化、市场化的大众体育健身娱乐市场是一种主要的表现形式。健身娱乐产业以运动娱乐为商品，为了给消费者提供健身或体育娱乐服务为目标。

但是有一个问题必须提及，这个问题与健身娱乐市场的发展密切相关，那就是人们的消费水平和消费意识。事实上，健身娱乐市场能够进行大规模发展，与大众体育消费水平的提高有很大的关系，想象一下，如果一个地区，连温饱问题都难以解决，人们就无法花费更多的钱在体育娱乐的消费上了。

总体来说，虽然在中国的健身娱乐市场发展起步比较晚，甚至到现在还有很多缺点，但即使如此，谁也不会否认这确实是一个有很大潜力的市场。社会经济的发展，人民生活水平的提高，消费观念的转变，广大市民对健身、娱乐等需求将进一步增加，只要有机会，体育健身娱乐市场将有广阔的空间发展。当人们的健康意识逐渐深化，真正了解健康的价值，健身和休闲娱乐消费将成为体育消费的主流。

二、社会体育市场的经营开发

（一）社会体育市场经营开发的要求

为了正确、有序、合理地对体育市场经营进行开发，您需要遵守业务发展活动的要求。而体育市场的业务发展是社会，而不是个人或个人组织，它是一个更大的“工程”，内容的设计和领域非常广泛。

因此，社会体育产业和市场的发展应该坚持国家和社会的运行，并与社会优先考虑结合的原则，围绕全国健身计划的实施，积极引导和鼓励投资者，与各行各业的经济实体建立联系，与体育健身娱乐的各种商务活动建立联系。大众体育协会、俱乐部、社会体育指导中心（站）和体育娱乐场所应按照市场需要，为群众提供健身的服务，如体育场馆、设施和技术指导等。一些高品质的服务，特别是社会体育市场的管理和发展的具体要求，基本上有以下几点。

1. 经营开发要以法律为保障

中国是一个法治的社会主义国家，法治是我们国家的基础。虽然现在我们国家的每个领域都有法律保护，但并不能证明没有法律的空白处。对于社会体育市场，它仍然处于发展初期的特征，如市场环境不稳定，市场条件尚未得到改善，市场规则尚未完善，社会体育发展扮演市场竞争机制的角色，价格机制尚未完成等许多不利因素。

新兴的社会体育市场能够得以发展，本来就是一件非常难得的事情，使社会体育产业和市场能够健康、平稳、快速的发展，其发展必须运用法律保障。通过逐步建立和完善市场管理规章制度，保持市场秩序，防止各种非法和不正当活动的发生。

2. 经营开发要以效益为核心

社会体育市场的发展不是强制性的，而是以真正的利益为核心，需要从管理和发展中受益。重视效率的提高，解决中国社会体育运动不足，增加体育发展活力的问题，为社会提供更多更好的体育服务，实现社会体育发展战略具有重要意义。同时，良好的社会效益和经济效益是社会体育产业和市场本身生存和发展的基础。因此，提高经济效益和社会效益是体育市场管理发展的核心。

3. 经营开发要以营销为主要手段

经营开发的成功与否在于营销行为。社会体育市场即作为市场，就无疑存在营销行为，将体育产品或服务成功营销给体育消费者，并得到体育消费者的认可是最理想的结果。

在市场经济中，作为市场主体的各种经营行为都是以经营组织或个人的利益（主要为经济利益）为出发点的。直白地说就是需要通过营销产品或服务的方式挣到钱。根据这一特点，社会体育市场的经营开发也要以营销为主要手段。通过营销方法和市场运作，建立经营组织的利益激励机制，以调动劳动者的积极性，提高工作效率，从而提高工作的效率和经营行为的经济效益。

4. 经营开发要以市场为导向

在经济学的领域中，市场的作用是巨大的，它影响着产品的供应和未来产品的发展趋势。在社会体育市场的经营与开发环节中，也需要对市场进行深入地研究，并要求以市场作为经营开发的导向。

社会体育产业的开发和市场的经营应坚持以市场为导向，即根据市场需求来确定投资方向和选定目标市场，具体就是根据广大体育消费者需求的变化趋势，调整经营战略和营销策略，使社会体育经营部门全方位地面向市场，增强服务能力与竞争能力，在市场中求生存，求发展，并通过市场向广大体育产品、服务消费者提供更多、更好的能满足人们需要的各类体育产品和服务。

（二）社会体育市场经营开发的内容

1．体育表演市场

体育表演市场的形式非常好理解，如体育比赛，或是以某项体育运动为主要形式的体育表演等。体育表演的主要形式是个人或集团承办各级各类体育观赏比赛，引导人们进行这方面的消费，以满足群众在精神方面的需要。而承办者通过收取相应的门票收入、广告费用和商家赞助等，获得经济收入。

2．体育用品的销售

体育产品是人们参与各种体育健身活动的重要组成部分。因此，体育用品已成为一个主要的体育企业，正在削减“蛋糕”。体育用品消费是体育消费中重要的一种，在中国乒乓球和羽毛球的普及程度较高，例如，一种常规、耐用的乒乓球、羽毛球拍价格非常之高，毫无疑问，人们已经成为体育运动的重要消费点。因此，相关企业在社会体育市场管理中应注意市场需求和变化的调查。企业生产销售各种运动用品，质量好，价格合理，研究产品销售渠道和消费对象的要求，将产品按照层次分开，以满足运动消费者的需求。

3．群众性体育健身俱乐部

各种类型的健身俱乐部在现代已经非常易见，如健美操、泰拳、跆拳道、瑜伽等俱乐部。成立以健身、娱乐为目的的俱乐部，以会员制、定期消费制和临时收费制等方式收取相应的费用。其目的是为了在丰富群众体育活动时，为广大体育消费者提供有偿的体育服务，满足不同层次体育消费者的需要。健身俱乐部不仅可以为特定健身爱好者提供活动场所，更重要的是它能够提供给这些人群更加专业化的指导，满足他们对该项体育运动的学习需求。

4．健康咨询与辅导

现代人们越发注重对自身健康程度的关心，且乐意为身体健康而付出金钱。针对人们对健康理念的变化，社会体育市场就要紧随这一变化，开展包括对体育锻炼的基本知识、增强体质有效的方法和手段等，进行技术咨询和辅导，成立相应的指导班和培训班，以及进行体质等方面的测试及评价、运动处方指导等。

需要特别注意的是，这个领域具有相当高的严谨性和科学性，它需要有专业人士参与，否则容易出现较大风险，如为健身者设计了不符合其健康发展的运动处方等。

5. 新技术、新方法、新器材的开发

这里所说的新技术、新方法、新器材的开发，主要是指用于体育健身方面的新技术、新方法和新器材的研究和开发。在现代科技水平不断发展的今天，没有进步就是一种退步，特别是对一些新奇的健身产品的制造都非常依赖新技术、新方法和新器材的开发。这些行为可能带来的结果是革命性的，如它可以生产出更加经济实惠的体育产品，更加科学有效的体育健身用品，或者是向体育健身消费者提供科技含量更高和更加优质的体育健身服务。

在社会体育市场领域中可经营的范围非常广，从事社会体育产业和市场经营活动的企业可根据社会体育发展的战略目标进行决策，开展市场调查和进行经营抉择，明确制定具体的经营项目，编制经营开发计划并确定经营方向。

（三）社会体育市场经营开发的特点

社会体育市场经营开发的形式种类多样，但从市场营销角度上看，社会体育市场的经营开发与其他产品或服务的营销开发区别不大，在营销过程中也显现出了一些共通性的特点。具体来看，在社会体育市场中的经营开发有以下几个方面的特点。

1. 社会体育市场经营开发的风险性

体育带来市场上无数的变化。当企业面对这些变化做出正确的选择时，如果顺利的话，从事体育营销和发展也可以获得收益。一旦出现决策错误，可能面临不同程度的损害。

一个机会的价值，往往取决于企业的地位、当时的实力和质量状况，很多机会往往是稍纵即逝的。机会和风险往往能够相互转化，及时抓住机遇，并付诸力量，我们将会得到应有的报酬。

2. 社会体育市场经营开发的系统性

社会系统对于体育市场管理的发展，是指多方面的发展，如体育产品和服务不是相互分离的，而是一个连接的整体。它们具有一级和二级之分，并且每个子系统只是整个系统策略的一部分。这个地方应该服从整体，作为一家从事体育产品或服务的公司，例如，它将始终处于业务发展的过程中，整个企业战略作为一个整体系统工程，追求的是最大的整体效益。

3. 社会体育市场经营开发的全局性

提及长期特点的关键是注重未来和可持续发展。因此，这是社会体育市场管理发展整体特征的另一个特点。总体特性要求在短期以及长期内符合业务布局的要求。也就是说，整体重要性是体育市场管理的社会发展必须遵循的要求和原则。

任何商业市场发展战略都应该符合企业发展的需要和利益。因此，准确地预测未来社会的体育市场供求关系，并制定与社会体育产业和市场发展相关的对策，属于企业管理决策发展的内容。然而，全球体育市场是由各个地方的体育市场组成的，所以，照顾各地之间的关系，也是一个重要的任务管理决策。当然，参与的机构越多管理的难度也就会越大，但即使如此，也不能跳出全球的“圈子”单独行动。

4. 社会体育市场经营开发的长期性

要使中国社会体育市场健康成长，其业务发展活动应该是一个可持续发展的过程，而不是短期的投机行为，这是体育市场管理发展的长期特点。

社会体育市场的长期业务发展有助于开发者从更长远的角度开始。但这并不是说眼前的经济利益不重要，长期的业务发展实际上是要求企业在短期内获利，在规划长期从事商业惯例的基础上，更注重长远利益。当然，以未来和现在为起点，任何未来的发展都应该以当前为基础。因此，基于当前，展望未来，协调当前与未来发展之间的关系是市场管理决策的关键。

5. 社会体育市场经营开发的灵活性

社会体育市场并不是一个绝对不会变化的稳态，它也是一个永远处于运动中的事物。影响社会体育市场的因素众多，因此，为了适应它的变化，对其进行的经营开发活动就要具有一定的实效性和灵活性。

社会体育市场的变化可能受到内外部因素的影响。例如，外部因素发生变化（如市场需求，政治或经济形势变化，政策与法令变更等）时，必须不失时机地做出战略性的调整；内部因素变化时也会对市场经营产生影响。为此，企业战略是以现在为基础而对将来发展做出的决策，是积极地和有准备地迎接未来挑战的抉择。

第四节　社会体育产业未来发展趋势

一、产业结构调整给社会体育产业带来机遇

体育产业总体上讲属于第三产业，而大力发展第三产业是目前我国调整产业结构的基本方针。国家产业结构调整和升级的变化，大体上是从三个方面影响社会体育产业的发展。

（一）产业结构调整带来的优秀人才

产业结构调整会给社会体育产业带来更多高素质的经营管理人才。到了后工业化时代，高素质的经营管理人才将会出现由制造业向服务业转移的趋势，因为人才流向和资本流向同样是由利润率高低决定的。产业结构调整的力度越大，体育产业集聚高素质人才的优势也就越明显，而高素质专业化人才对于社会体育产业这样一个具有生机和活力的新兴行业来说是十分重要的。

（二）产业结构调整带来的社会投资

产业结构调整会给体育产业带来更多的社会投资。因为资本的流向是由资本利润决定的，体育产业是朝阳产业，随着产业结构调整步伐的加快，如果在社会体育产业中投资的回报率明显高于社会投资的平均利润率，这就会出现各种资本向社会体育产业流动的良好态势。

（三）国家政策的支持

能得到国家产业政策的扶持，包括投资融资的优惠政策、税收减免的优惠政策、用工用地的优惠政策等。特别是随着我国产业结构调整的力度不断加大和体育产业规模、效益的不断提高，国家和政府给予社会体育产业一定的优惠政策将是有可能的。

二、社会体育产业对拉动经济增长的贡献

社会体育产业要抓住机遇，在扩大内需、拉动国家和地区的经济增长上起到明显的效果。为此，应注重以下几方面。

（一）吸引大众更加积极地参与体育消费

乍一看，体育消费并没有什么大宗交易，但由于其参与人数众多，涉及内容较广，那么其总计的消费结果仍旧非常可观。大众的最终消费才是扩大消费需求的最主要评判标准。从我国现今的实际情况来分析，当前我国居民消费需求包括实物消费和非实物消费两种。目前，进一步增加居民的消费必须把工作重点由实物消费领域转到非实物消费领域，具体来说，非实物消费主要是在文化消费领域中，即是使用金钱换取人的精神上的满足的方式。体育消费是广义文化消费的形式之一，从本质上讲属于满足人们享受的发展需求的消费。要把居民有支付能力的体育消费需求引导出来，这是扩大内需的一种方式。

（二）社会体育产业在民间投资方面的作用

投资是带动经济发展的重要方式。投资即会增加热钱对某项产业的经济支持，这使得该产业即刻可以获得生机，展现出与以往不同的新面貌。

在未来，社会体育产业无疑将会有更加良好的发展前景，有望成为民间投资的新热点。之所以敢于大胆对社会体育产业的前景做出乐观的预测，其原因主要在于：一是社会体育产业的主体部分是健身娱乐业，对这一领域的投资与其他产业相比投资更少、见效更快、效益更好、民众的认可度更高；二是以健身娱乐为主要内容的体育消费正在成为全社会新的消费热点，即大众的理念中开始越发注重对这方面的投资。从事实上看，先期在这些领域投资的企业经营绩效也越来越好。

（三）体育用品出口创汇贡献

近年来，随着我国民众的体育消费不断上涨，我国已经逐渐成为了体育用品的消耗大国。众多世界知名体育用品公司都在我国设立了专卖店。我国体育用品企业也借此良机，打造优秀的民族品牌，其中李宁和安踏成为业界的领导者。尽管我国体育产品生产数量连年提高，但不能否认的是在产品的质量和附加值方面还较落后，特别是品牌价值大多还不能被广大消费者认可。

前面文中曾经提到过，体育用品是大众参与体育健身活动的物质基础，这也就说明了世界上只要拥有体育运动参与者，就相应拥有对体育用品的巨大需求。这些年来我国体育用品在出口上做出了一定贡献，为我国创造了不少外汇收入，但若想在未来获得更大的发展需要做到以下两点。

（1）提高我国体育用品业整体的规模效益，提高我国体育用品企业与国外同类企业的竞争力。

（2）体育用品企业要加大研究与开发的投入力度，不断提高我国体育用品的科技含量，增强所出口的体育用品在国际市场上的竞争力。

三、我国社会体育消费的增长趋势

体育健身活动及必要的体育消费已经成为现代我国大众的主要日常生活休闲娱乐方式，同时这些体育消费也符合消费结构变化的趋势。根据我国社会经济发展的基本走向和社会体育市场的基本走向，总结出了社会体育消费发展可能在未来出现的新趋势。

（一）参与性体育消费将会带动整个体育消费的快速增长

参与性体育消费，是指人们为追求健康和娱乐而花钱购买由体育服务企业提供的健身娱乐服务，健身技能培训、辅导、咨询，体质测试，健康评估以及体育康复等服务产品。这一类型的消费将会成为带动整个体育消费快速增长的原因有三。

（1）我国居民人均收入的不断增加以及生活方式的改变是带动参与性体育消费快速发展的动力。

（2）医疗保健制度的改革激发了人们对“参与性”体育消费的需求，人们更愿意花钱参加各类体育健身消费以增进健康。

（3）政府的重视与支持，为参与性体育消费群体的扩大和消费水平的提高造就了良好的外部环境。

我国国民经济的持续稳定发展，将会推动我国社会体育事业的进一步繁荣，而社会体育产业作为社会体育的一个重要组成部分，必将与社会经济和社会体育事业同步协调发展。

（二）城乡居民体育消费的总量将持续增长

我国 GDP 的增长近些年来一直保持在 7% 的较高水平，这一势头还将继续保持较长一段时间。在 GDP 持续保持稳定增长的过程中，城乡居民的收入水平也随之同步增长。再加上我国城市化进程的进一步加快，城镇消费人口总量将会有一个较快的增长，这些因素都会使得城乡居民消费结构不断优化，进而使得以城乡居民为主的体育消费群体的数量会进一步上升。然而，消费总量的增长作为一般趋势，在不同的体育消费领域会有不同的效应，即体育物质产品的消费在一定时期内仍会高速增长，而随着时间的推移，增幅会逐步回落；体育服务产品的消费会逐步活跃，并且随着时间的推移，其增幅将会不断提高。

（三）观赏性体育消费者群体将日趋壮大

随着我国居民收入水平的不断提高和消费结构的不断变化。体育欣赏消费在近些年来在体育产业中的比重越发增大，除竞技赛事外，人们还对那些趣味性、娱乐性、刺激性等类体育活动的观赏抱有极大兴趣。需要特别指出的是，广大群众对高水平运动竞赛和对趣味性、娱乐性、刺激性等体育活动的观赏并不是一种刚性需求，即在这方面的消费弹性很大。在这种情况下，如果赛事质量不高，不能达到满足体育消费者对比赛观赏的要求，那么这些体育赛事将被视作没有观赏价值，久而久之便失去了观众。因此，这种潜在的以观赏体育赛事为主要形式的体育消费增长趋势也就难以变为现实。

（四）个性化、多元化的体育消费将会出现

实物型体育消费将继续增长，但消费差别与档次将不断加大，个性化、多元化消费的趋势开始显现。实物型体育消费的持续增长，主要是指运动服装鞋帽、健身器械、体育图书、报刊、音像制品等实物型消费资料需求的持续增长。与此相伴的是消费结构上也会出现一些变化。首先，城乡居民收入水平差距的拉大将导致对体育用品消费档次的进一步加大；其次，人们对体育用品的需求会出现个性化和多元化的特征。这种特征不仅表现在体育用品会出现多样化的趋势，而且同类商品在款式、规格、用料、功能、价格以及售后服务等方面也会出现高中低档并存的现象，以适应体育消费者多元化和个性化的消费需要。

第七章　社会体育组织体系的构建及发展

社会体育是我国体育产业的重要组成部分，也是人们现代生活的重要组成部分。增强人们的体质，保障人们的身心健康，进一步提高社会的健康程度，延长人们的生命长度，满足人们健身、娱乐、休闲、医疗、康复、社会和其他需求，这些都是社会体育的主要目的。

社会体育组织在活动中发挥着重要的指导作用。本章主要分析和研究社会体育组织的基本内容和基本原则，以及一些比较常用的指导方法。

第一节　社会体育组织的基本内容

一、康复体育

康复是达到下述目标的一个过程，旨在通过综合、协调地应用各种措施，消除或减轻病、伤、残者身心、社会功能障碍，达到和保持生理、感官、智力精神和（或）社会功能上的最佳水平，从而使其借助某种手段，改变其生活，增强自立能力，使病、伤、残者能重返社会，提高生存质量。康复在现代医学领域中的运用，主要是指身心功能、职业能力、社会生活能力的恢复。

康复体育是20世纪中期出现的一个新的概念，它是以患者伤病的特点为主要依据，通过采取体育手段或机体功能练习的方法，来达到伤病预防、治疗和康复目的的一门应用学科。

（一）康复体育的基本特点

康复体育与其他的社会体育的内容有着一定的差别，这主要体现在其显著的特点上。具体来说，其显著特点主要表现在四个方面（图7－1－1）。

康复体育的基本特点

- 康复体育面对的是各种各样急需恢复健康的患者。因此，这就要求以不同患者的具体疾病为主要依据，在有关指导人员和医务人员的严格监护下进行有针对性的锻炼，同时，还要加强与疾病医学治疗的密切配合，对康复锻炼过程中患者出现的各种不适进行正确的诊断和监控，采取有针对性的预防措施和手段，从而使康复锻炼的科学性、安全性得到有力的保证，进而使患者的康复速度进一步加快。
- 康复体育是利用人类固有的运动功能来为患者进行治疗的一种重要手段，其可以在大自然中随心所欲地开展活动，不受时间、场地、器材设备等条件的限制，通过正确的组织引导，往往就能够取得理想的康复效果，并且不会产生相应的副作用，是较为天然和安全的康复手段。
- 患者为达到各自的恢复目的而主动参与治疗过程的一种主动性锻炼，就是所谓的康复体育。由于患者参加康复体育锻炼是有着非常明确的目的的，因此，在锻炼治疗过程中，他们往往都能积极主动地配合有关指导，用自身的意志和行动来克服锻炼中出现的诸多不适，并通过自己不懈的努力来达到自我康复的目的，所以说，这种具有明确目的的主动体育对于患者治病的积极主动性的调动，以及促进患者的健康恢复都是较为有利的。
- 人体的各部位、各组织器官系统的机能并不是相互独立的，而是相互联系、相互制约又相互影响的。因此，对于康复体育来说，并不是哪里痛就只是哪里出了问题，就只针对某一部位进行治疗，而是通过有效的身体运动作用于全身，通过合理的全身运动来使人体各器官系统的调节机制得到有效的提高，对人体的机能得到全面的改善和提高起到积极的促进作用，从而达到增强体质、提高适应力和抵抗力的目的。

图7-1-1　康复体育的基本特点

（二）开展康复体育的注意事项

在进行康复体育锻炼时，为了使因指导和安排不当而给患者增添额外的损伤或意外引发新的伤害进而造成不必要的事与愿违的结果得到有效的避免，就需要注意一些相应的事项。具体来说，主要涉及以下几个方面（图7-1-2）。

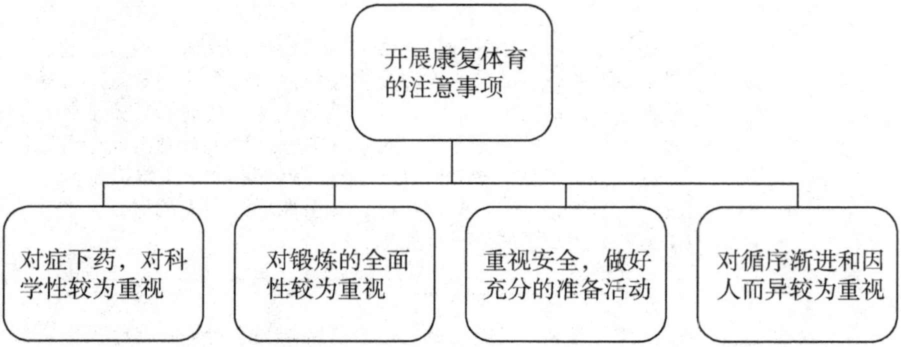

图7－1－2　开展康复体育的注意事项

1．对症下药，对科学性较为重视

在康复锻炼中，患者各个方面的情况要有所了解，特别是他们的损伤情况，实际身体状况，从而能够以每个患者的具体损伤情况和实际情况为主要依据，目标是采取适当的康复手段，运动的内容、方法、手段来确定科学合理的康复手段，由于人与人之间所需要的康复锻炼是存在很大差异性的，而且在任何时候患者都可能产生不同的身体变化，这就需要及时调整康复锻炼的手段，并且根据患者的实际需要，制定出合理的锻炼计划，为取得良好的康复训练效果奠定良好的基础。

2．对锻炼的全面性较为重视

康复运动是一种康复运动，对患有各种不同疾病的患者有明确的目的。虽然每个患者的损伤部位、疾病程度不同，然而，作为完整的有机体，组织和器官系统各部分的身体是相互关联、相互克制、相互影响的。因此，体育康复不仅会加强患者康复治疗的有针对性康复锻炼，而且对患者的综合康复也给予高度重视，从而使康复锻炼的片面因身体不平衡的发展而产生畸形的发展可以有效减少或避免，进而使每个病人能够实现预期的康复。

3．重视安全，做好充分的准备活动

无论什么样的体育运动，安全是第一位的，如果忽略安全，那么改变和体育运动相关的规定，在一定程度上就会加大伤害事故的发生概率，更不用说从事康复运动，会发挥相反的作用。因此，在康复运动中注重安全是最应该强调的。对于患者，康复锻炼需要有一个非常重要的条件，即在锻炼之前做足够的、有针对性的准备活动，使各种器官的功能保持良好的活动状态。另外，根据康复过程中的一些症状在及时进行区分和监测的过程中，注意现场设备的安全性，使患者能够取得比较理想的康复效果。

4. 对循序渐进和因人而异较为重视

伤病的恢复一般是需要一定过程的，当人们在进行康复运动训练的时候，需要具备足够的耐心和毅力，在短时间内并不能收到比较明显的效果，只有经过长时间的运动康复训练之后才有可能收到比较明显的效果。所以，在进行康复训练的时候，千万不要操之过急，否则很有可能会降低康复训练的效果，适得其反。

二、休闲体育

（一）休闲体育项目内容的选择

人们以自由和舒适的态度，在空闲时间放松，进而获得愉快的情感体验、丰富的文化生活，提高生活质量和各种体育娱乐活动，这就是所谓的休闲运动。随着社会进步和科学技术的飞速发展，人们的休闲时间越来越多，生活质量也进一步提高，文化生活的需求进一步增强。

休闲体育活动有非常丰富的内容，其活动形式也很自由，不受相应的限制，技术和身体方面的高需求，人们可以根据自己的喜好选择参加什么样的运动，在这个轻松愉快的气氛中，在自己爱好的休闲体育活动中，不仅人的身心健康得到发展，人的关怀也能够充分体现，而且也达到了预期的运动效果。

（二）选择休闲体育项目的注意事项

对于休闲体育来说，需要注意的主要问题就在于如何选择适合自己的休闲体育活动，只有适合自己的休闲体育活动，才有可能取得理想的锻炼效果。具体来说，要按照以下几点要求进行选择。

相对于休闲体育来讲，需要重点注意的问题就是怎样来选择一些适合自己的休闲体育活动，对于体育活动的选择是一件非常重要的事情，因为只有适合自己的休闲体育活动，才能够取得一些锻炼效果。具体来讲，在选择休闲体育项目的时候应该注意的事项如图 7 - 1 - 3 所示。

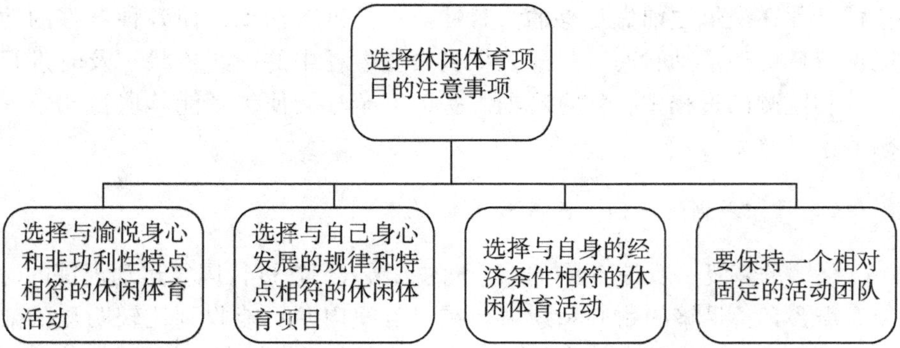

图 7-1-3　选择休闲体育项目的注意事项

1. 选择与愉悦身心和非功利性特点相符的休闲体育活动

练习的主要目的是寻求身体和精神放松，获得愉快的情感体验，提高生活质量。但是休闲体育主要是通过各种休闲健身运动来调节人的生理和心理状态，并使其有效改善，以获得一个积极的休息，对身心的健康发展起到一定的推动作用。

通常情况下，不存在非功利性的运动，这项运动本身主要追求的是运动，享受过程的乐趣。由此可以看出，休闲运动选择的主要依据是：使人们放松身心的需求得到最大化的满足，而在运动的过程中带来的乐趣，以及获得最大的身心愉悦感，在促进人们的身心健康发展中发挥积极作用。

2. 选择与自己身心发展的规律和特点相符的休闲体育项目

适合自己的身心发展规律和特点，以及个人兴趣、爱好和运动基础的项目，是正确的休闲体育活动的正确选择。

不同年龄、性别的参与者实际情况不同，这要求参与者在科学理性选择的基础上充分了解自己的实际情况，科学合理地选择一些与自身实际情况相符的休闲体育项目，尽量做到量力而行，注意安全，适可而止，切忌与同伴之间相互攀比，进行一些力不从心的体育运动项目。

3. 选择与自身的经济条件相符的休闲体育活动

对于大部分的休闲体育来说，都是需要有或多或少的经济投入的，因此，这就要求参与者以自身的经济收入为主要依据来选择与自己消费能力相适应的休闲体育活动。

休闲体育的消费是多元化、多层次的，有高消费，也有低消费，因此，一定要科学合理地选择适合自身经济条件的休闲体育活动，切忌盲目选择，以免给自己带来较大的经济负担。

4．要保持一个相对固定的活动团队

尽管休闲体育活动的形式是比较自由的，可以是个人单独的活动，也可以是集体活动，但是，休闲体育活动是一种多元化的活动，其中的大多数活动项目都是与他人共同进行的。

因此，在从事休闲体育活动时，正确地选择一个适宜的活动团队是非常重要且必要的。在一个适宜的活动团队中，所有的参与者都对从事的活动项目抱有相同的兴趣、爱好及特长。共同的运动嗜好，不仅对人们的相互照顾、相互督促、相互鼓励保持活动的连续性和稳定性较为有利，同时，对于人们相互学习，相互交流经验，改善运动环境，取长补短，提高技术水平，增加运动的乐趣，也起到积极的促进作用，有助于良好锻炼效果的取得。

三、健身体育

（一）健身运动项目内容的选择

正常人为达到一定的健身、健心、健美目的所采用的身体锻炼的具体活动内容与方式，就是所谓的健身运动。通过体育锻炼，能够使体质有所增强，使参与者的身体在形态、机能、生理、生化等多方面都产生较好的变化，可以说，这是一个日积月累的渐进过程。

对于这些参加体育锻炼的人们来说，他们之间在地理环境、文化背景、生活方式、生活习惯等方面都存在着一定的差异性，锻炼的客观条件也是有着较大程度的不同的，因此，他们只有在众多的体育项目和内容中进行恰当的选择，才能够达到使各自不同的锻炼目的得以实现的目的。

随着社会的发展，科技的进步，人们的物质生活水平有了极大的提高，这也就使得人们的膳食结构发生了一定的变化，不再是粗茶淡饭，而是逐渐偏向于高糖、高脂肪、高蛋白等高热量食物，现代化交通工具的普及与运用以及家用电器的普遍使用，则大大缩短了人们的家务劳动时间；办公机械化、电气化、自动化程度的迅速提高以及网络信息技术的快速发展，则大大减少了人们从事各种体力劳动的机会和时间。

除此之外，由于生活节奏的不断加快、社会竞争的日益激烈、人际关系越来越复杂以及环境污染的程度越来越高等多种因素的影响，导致人们出现一些不良的现象，比如，营养过剩、运动不足、精神高度紧张等，同时，这些变化也导致了一些常见病和高发病的发生，比如恶性肿瘤、心脏病、高血压、糖尿病、肥胖症、神经衰弱等。这些都被称为是现代社会的“文明病”，它给人们造成了非常大的危害，并且危害涉及的范围非常广，导致非常严重的后果。在文明病的侵害下，人们急需要通过体育锻炼来达到关注健康、投资健康、拥有健康、提高生活质量的目的。

生命在于运动，同时，为了取得理想的运动效果，还要保证运动的科学性。中华民族有着五千多年的发展历史，文化底蕴深厚，在这一长期的发展过程中，人们也总结创造出了一些科学健身的项目，比较具有代表性的有导引术、五禽戏、八段锦、太极拳等，这些项目至今也受到人们广泛的欢迎与喜爱，形成了具有东方特色的养生健身文化。

（二）选择健身项目的注意事项

通过科学合理的健身运动，能使参与者的锻炼效果得到有效的提高，使他们的体质得到进一步的增强，使他们的体育健身需求得到满足，使其文化生活内容进一步丰富，同时也使锻炼者的身心健康水平得到进一步的提高。因此，为了保证理想的健身效果，需要注意以下几个方面的事项。

1. 要科学辩证地对待运动项目的运动负荷

不同的运动项目给予人体的运动负荷以及作用也是有所差异的。每个运动项目的运动负荷安排是否科学合理，会对健身锻炼的效果产生直接的影响。

一般情况下，如果运动负荷过小，给予机体的刺激有限，那么就不会引起机体的相关反应，同时，也就达不到强身健体的作用；反之，如果运动负荷过大，给予机体的刺激超出了机体的承受极限，不仅不会取得增强体质的效果，反而会对身体的健康产生不利的影响。

因此，只有对运动负荷进行科学合理的安排，使锻炼的运动负荷对于不同锻炼者的承受能力都较为适应，才能获得理想的锻炼效果。同时也要对运动负荷的大小是相对的有客观的认识，对于每个锻炼者来说，运动负荷的安排与实施一定要因人而异，区别对待，科学辩证地对待相同的运动负荷，同样的运动负荷，对于每个锻炼者所造成的刺激和作用是不同的。

2. 对身体锻炼的全面性较为重视

作为一个完整的系统，人的有机体所包含的身体各部位、各器官、各系统的机能、各种身体素质以及基本活动能力和心理都应得到全面健康的发展。人作为有机体，某一方面的发展或退化都会对其他相关方面造成一定的影响，从而导致其发生相应的变化。

所以，在锻炼过程中要强调全面的身体锻炼，要统筹兼顾，注重选择那些能使身体机能得到全面、协调发展的体育锻炼的项目、内容、方法与手段，从而使单一片面的锻炼项目、内容以及方法与手段给人体造成的发展不均衡或畸形发展等情况得到有效的避免，使人们的身体在体育健身锻炼过程中能够获得令人满意的全面健康的发展得到有力的保证。

3. 要将以人为本、健康第一的思想充分体现出来

在体育锻炼过程中，每个锻炼者的体育健身目的、年龄、性别、兴趣、爱好、身体状况、职业特点、体育基础、所处地域和季节气候等情况都有一定的差别，因此，这就要求以每个锻炼者的具体实际情况和特点为主要依据，同时结合不同的运动项目所具备的不同健身效果，为体育锻炼者提供门类众多的体育服务，科学理性地从中选择出更加适合他们自身的运动健身项目，让所有的体育锻炼者都能身心愉快地从事自己喜爱和擅长的体育健身活动，从中享受运动带来的快乐，进而达到增强体质，获得事半功倍的健身效果的目的。

第二节 社会体育组织的基本原则

一、身体全面发展原则

（一）使参与者的身体机能与身体素质得到全面均衡的发展

尽管参与者身体锻炼的目的和要求有一定的差别，但是，他们都有着相同的基本目标，那就是身体的全面发展。只有身体全面发展，参与者才有可能拥有健美匀称的体态和身体全面协调的美。作为在大脑皮层统一调节下的有机整体，人体的各部位、各器官系统都是相互联系、相互影响和相互制约的。

身体某一方面的发展或衰退，都会对其他方面的发展变化产生一定的影响。各种体育锻炼手段与方法也会在一定程度上影响到参与者的机体，由此可以看出，其都有一定的局限性。

如果只单纯地发展某一局部的生理机能和某种身体素质，不仅不会显著提高生理机能，而且对身体素质的提高也会产生一定的抑制作用，容易导致身体发展失去平衡，甚至造成身体的畸形发展，从而对参与者整体的全面健康发展以及锻炼的效果和作用产生非常不利的影响。鉴于此，就要

求锻炼者要选择多样的活动内容，做到统筹兼顾，合理搭配，全面照顾，从而使活动的全面性得到有力的保证。

同时，也要对科学地选择对身体各方面都有全面影响的锻炼方法与手段，进行不同的组合搭配引起足够的重视，从而将其各自的作用充分发挥出来，以使它们在锻炼中能全方位地发挥其锻炼效能得到保证，对锻炼的全面性起到积极的促进作用，使锻炼者的身体机能和身体素质都能得到全面均衡的发展和提高，以达到身体全面发展的终极目标。

（二）对社会体育活动的内容和方法与手段进行科学合理的选择

在体育锻炼过程中，锻炼者的年龄、性别、爱好、身体状况、职业特点、锻炼基础等方面都有着或多或少的差别，即便是在同年龄阶段的锻炼者之间也存在着巨大的个体差异。

鉴于此，就要求在体育锻炼过程中以每个锻炼者的身心特点和实际情况为主要依据，对与他们各自身心状况和实际能力相适应的锻炼内容、方法和手段进行科学合理的选择，从而使锻炼者在锻炼时能展示其长处，乐在其中，达到愉悦身心、增强体质的目的。

二、以人为本原则

（一）健康生活方式的培养

随着经济的不断发展和社会的不断进步，人们的生活水平有了较大程度的提高，但与此同时，也有越来越多的问题随之而来，比如，人们的膳食结构发生了巨大变化，高能量食物的摄入量激增，造成营养过剩；机械化、电气化、现代交通工具、信息网络技术的大量普及和运用，使人们更加倾向于脑力劳动，而体力的支出越来越少，导致人们的体质普遍下降；工作和生活节奏加快，压力越来越大，“文明病”越来越严重等，这些都会导致亚健康。因此，人们的健康受到了非常大的威胁，亟需通过一个显著有效的方式来对此进行改善。从相关的科学研究和调查中可以得出，体育娱乐运动是最积极、最有成效、最经济廉价的预防和治疗亚健康的手段。

（二）对人类的健康发展起到积极的促进作用

关于健康，当前，人们的健康意识越来越强，开始重视健康的保持。同时，我国已经出台了许多这方面的政策法规，以此来促进我国人民的健康发展。我国《宪法》第 21 条规定：“国家发展体育事业，开展群众性体育活动，增强人民体质。”《中华人民共和国体育法》第十条规定：“国家提倡公民参加社会体育活动，增进身心健康。”由此可以看出，社会体育活动的开展要将“以人为本”这个核心思想充分体现出来，从而使人们身心健康发展的需要得到最大限度的满足。

作为我国体育事业的基石，社会体育活动的主要目的是为人民服务，为人民服务或是以人为本都将社会体育活动的宗旨充分体现了出来。生命是非常珍贵的，对于每个人来说都是如此，只有身体健康，才能保持生命，因此，科学、合理、有序的体育运动是保证健康生命的唯一途径。这也是开展社会体育活动的重要原因之一。

鉴于此，就要求一定要建立起服务大众的思想和观念，倡导人文关怀、以人为本，通过经常性的各种体育活动来满足人们对体育活动的需求，从而增强参与者的体质，提高他们的身心健康水平和生活质量，为人们全面、协调、健康向上的发展起到积极的促进作用。同时，人们积极参与到社会体育活动中，也会在一定程度上对社会体育的进一步发展起到积极的推动作用。

三、适宜运动负荷与合理休息原则

（一）负荷量与负荷强度的合理配置

人们在身体锻炼中所承受的生理负荷，就是所谓的运动负荷。运动负荷是由两个方面构成的，一个是人们在健身活动中完成练习（或动作）的数量、次数、组数、时间、距离和重量等的负荷量；一个是人们在健身活动中机体用力完成练习的动作速度、练习的密度、练习的间歇时间、负重的重量、投掷的距离、跳的远度和高度等的负荷强度。负荷量和负荷强度有着非常密切的关系，两者既是相辅相成，互相促进，共同发展的，又是对立统一的，同时，两者也是相互转化的。

负荷量和负荷强度在很大程度上决定着运动负荷的效果。这里需要强调的是，在身体锻炼中科学合理地安排运动负荷，使运动负荷既能满足人们强身健体的需要，又符合他们的身心发展规律和实际承受能力，以取得理想的锻炼效果，这就是所谓的适宜运动负荷。不管是什么形式的锻炼活动，都必须使机体承受一定的生理负荷，产生一定的内外刺激，才能够引起机体的相应反应，从而达到增强体质的目的。

因此可以说，运动负荷的安排是否科学合理将对参与者的锻炼效果产生直接的影响。通常情况下，如果运动负荷过小，对机体的刺激反应有限，往往就不会达到强身健体的作用；但是，如果运动负荷过大，超出机体所能承受的生理负荷（允许极限），不仅不会达到增强体质的效果，反而会对身体健康造成不利的影响。而只有适宜的运动负荷，才会使机体得到适度的刺激，产生理想的锻炼效果。

因此，这就要求一定要以体育参与者的不同年龄、性别、身心特点、实际状况和锻炼目标为主要依据，对负荷的量和强度进行科学合理的安排。需要注意的是，运动负荷的大小并不是绝对的，而是相对的，是根据体育健身参与者的实际情况而不断发生变化的。

由此可以看出，只有科学合理地安排运动负荷，进行持续性的锻炼，才能收到增强体质的效果。另外，需要强调的是，要通过表面数据和内部数据相结合的形式来对负荷的量和强度进行监控，同时，根据实际情况进行适当的调整，为理想健身效果奠定良好的基础。

（二）运动负荷与休息的合理配置

要想在体育锻炼的过程中保证机体的健康和机能的不断提高，就必须对运动负荷进行科学合理的安排，使人体机体承受适宜的运动负荷，从而引起机体的适度反应，也只有这样，才能够取得理想的锻炼效果。相较于竞技体育的运动负荷来说，健身体育的运动负荷是相对较低的。

但是不管是什么样的体育锻炼形式，都必须遵循运动生理学的超量恢复原理。对体育锻炼参与者机能能力的提高产生影响的因素有很多，其中，起决定性作用的主要有两个方面：一个是锻炼时机体所承受的负荷的量和强度的大小，另一个则是合理的休息和恢复。

由于体育锻炼参与者自身的身心特点和实际状况之间也有着较大的差异性，同样的运动负荷每个人对此的反应也是存在着一定的不同的。不同项目、不同性质、不同负荷的练习，参与者需要的休息和恢复的时间也各不相同。通常情况下，对于同样的负荷来说，身体素质好的参与者的恢复速度要快于身体素质差的参与者；而不同性质的练习，其恢复的时间也是有差异的，一般来说，力量和耐力练习休息的时间要长于速度和灵敏性练习休息的时间。

通常，可以将休息的方式大致分为两种：一种是积极性休息，一种是消极性休息，在锻炼中往往会将两种休息方式结合起来，并且以积极性休息为主。需要强调的是，休息的时间要适宜，不能太长也不能太短，因为如果休息的时间过长或过短都会对实际锻炼效果产生一定的影响。因此，要将运动负荷与休息的时间有机结合起来，并根据锻炼者的实际情况，对两者进行合理的配置，以达到最佳的锻炼效果。

四、循序渐进原则

（一）遵循用进废退的规律

体育锻炼参与者的身体形态、机能、生理、生化等方面的变化都要与用进废退的规律相适应。人们在身体形态、生理、生化等方面要想获得良好的变化，需要经过较长一段时间的不懈努力才能获得，而并非通过一朝一夕的锻炼就能形成。体育锻炼就好比是逆水行舟，不进则退。只要参加体育锻炼，不管形式如何，运用的什么样的方法和手段，都会对身体机能产生一定的影响，但是，这样所获得的良好的改善身体机能的效果是非常有限的，一旦停止体育锻炼，它对人体的良好影响就会很快消失。

因此，要想使身体机能得到不断的改善和优化，就必须持续进行体育锻炼，也只有这样，才能够保持持久的体育锻炼的效果，人们的机体才会逐渐地形成良性的适应，从而在身体形态、生理、生化等方面取得积极的变化。

（二）使参与者的身体机能与运动技能逐渐得到改善

循序渐进原则，是任何体育锻炼的参与者在体育健身锻炼过程中都必须遵循的一个基本原则。具体来说，在体育锻炼过程中要按照规律，注重一定的顺序，逐步地、有次序地安排锻炼的运动负荷和相关体育技能的学习，并按照由小到大，由易到难，由浅入深的合理顺序进行安排，这就是所谓的循序渐进。在运用这一原则时，一定要注意，切不可操之过急。

在体育锻炼过程中，体育锻炼参与者往往会出现操之过急和急于求成的问题，这两个方面的问题都会对人们参与体育锻炼的兴趣和积极性产生一定的抑制作用。因此，这就要求在体育锻炼过程中，要以上述存在的问题为主要依据，通过有效的宣传和教育，对锻炼者的错误想法、认识和行为进行有效的更正，对他们要遵守客观规律，科学地进行体育锻炼起到积极的引导作用。

体育锻炼者健身运动内容、身体机能的发展和运动技能的学习与掌握都有其各自的发展规律，这些规律是客观存在的，是不容违反的。体育锻炼参与者的身体机能的改善、提高并不是一蹴而就的，是需要一定的时间去逐渐实现的。在不同的阶段，人们的身体机能的发展速度与程度是有所差异的。通常情况下，青少年阶段、中年阶段、老年阶段的身体机能状况存在着非常大的差异性。而且需要强调的是，不同年龄阶段的身体机能的改善、提高、维持都是有规律可循的，不能随意改变。

鉴于此，就要求在体育锻炼过程中以人体机能发展的规律为主要依据，对运动项目和运动负荷进行科学合理的安排，使锻炼者在锻炼时能进行适宜的身体运动，并通过这些科学适宜的健身运动，使各自的身体机能状况都得到逐步的改善，从而达到提高身心健康的目的。

体育健身锻炼对锻炼者运动技能的要求相对较低，但是，也应该掌握一定的正确运动技能，因为这样对于提高锻炼者的锻炼效果，调动他们持续参加锻炼的积极性，增强他们的体质都是较为有利的，除此外，对于不必要的损伤、锻炼过程中因运动技能错误而导致的伤害事故的发生都是有一定帮助的，进而能够使锻炼者的身体健康得到有利的保证。

另外，需要强调的是，对于体育健身锻炼的正确方法和技术的掌握，伴随着学习、掌握和巩固提高阶段的深入，要求体育锻炼者必须在练习时间和练习次数方面保证充足，并且能够不断地进行反复的体会和练习，从而掌握和形成正确的技术动作，达到强化技术动作的目的。

而锻炼者掌握正确的运动技术，不仅对于他们在锻炼中享受运动所带来的乐趣，培养运动的兴趣，增加锻炼的自信心产生有利的影响，而且还能够使体育健身锻炼的效果得到有效的提高，对于体育锻炼良好习惯的培养有着积极的帮助。

五、区别对待原则

（一）对社会体育活动参与者的统一性和差异性进行正确的处理

参与社会体育活动的锻炼者在年龄、性别、身体状况、运动基础、职业特点、兴趣、爱好及锻炼目的、锻炼环境等很多方面都存在着较大的差别，因此，这就要求以体育锻炼参与者的个体差异为主要依据，对锻炼的内容、手段和方法进行科学合理的选择，对运动负荷进行科学的安排，做到因人而异、区别对待，使人们的体育健身锻炼更具有针对性和实效性。需要强调的是，处于不同年龄、性别、时代的人们，他们在其生长发育的过程中，其身心发展的特点和规律都具有明显的阶段性和基本相同性。

但是同时也需要注意到的是，在开展社会体育活动中，在同年龄、性别的参与者中，参与者在个体的各个方面上也有着较大的差异性，即便是在各个方面上都大致相近的人们，伴随着体育健身活动过程的发展变化，每个人的机体对所受的运动负荷的适应能力也会出现不同程度的差别。

（二）保证社会体育活动内容的多样性与方法、手段的多变性

在社会发展和体育全球化的推动下，文化交流与融合的范围越来越

广，这在健身方面也有所体现，世界各国各种不同健身方法之间的相互借鉴、吸收、发扬和创新，已经形成了一个内容极为丰富多彩的健身活动体系，不仅有现代体育项目，而且还有传统的民族体育项目、民间体育项目，同时也包括了一些经过改革、创新、创编的体育健身项目，种类繁多，应有尽有。

社会体育活动的参与者，可以以自身的兴趣、爱好为主要依据，各尽所能，各得其所，在丰富多彩的体育活动项目中有针对性和目的性地自由地选择与自己相适应的体育健身项目。

社会体育活动有着丰富多样的内容，使参加体育锻炼者的不同体育需求得到了较大程度的满足，同时，也给不同年龄、性别、身体条件、职业特点的人们提供了切实可行的活动项目，使得参加体育活动的锻炼者能够以个人的实际情况和自身的特长为主要依据，有针对性地加以选择适宜自己的健身内容、方法与手段。

体育健身锻炼参与者的个体状况是有一定差异性的，再加上他们所从事的职业特点、居住地理环境也不相同，因此，他们参加体育健身的目的也就有一定差别。需要强调的是，体育锻炼是一个持续的过程，而锻炼者的身体机能水平也处于不断变化的状态，鉴于此，就要求锻炼者要根据身体机能和心理上的变化为依据，不断对健身锻炼的方法与手段进行调整和改变，推陈出新给参与者以体育健身新颖的刺激，从而使体育锻炼过程中简单机械重复运动的单调和枯燥得到有效的避免，提高锻炼者参与体育锻炼的兴趣和积极性，确保体育健身的科学性、经济性和实效性。

第三节　社会体育组织活动指导方法的选择

一、讲解法

讲解法是指教员或指导者运用通俗易懂的语言向参与者说明锻炼的任务、动作名称、解析其作用、要领以及要求，以指导参与者学习掌握锻炼的知识、技术、技能和进行练习的方法，可以说，这种方法是社会体育活动中最常用、最主要的方法之一。

讲解法有着较为显著的特点，具体来说，主要表现为：能及时准确地将正确的相关信息传递和反馈给众多参与者，并且使他们形成正确的锻炼认知，对参与者正确锻炼技能的形成起到积极的促进作用，对他们进行锻炼的积极性进行充分的激发和调动，制造良好的锻炼氛围，使指导者与参与者之间的关系更加融洽，从而达到使锻炼效果更好的目的。

在社会体育活动中运用讲解法时，需要注意要以锻炼者的身心特点和需要为主要依据来进行有效的讲解，从而将讲解的功效充分发挥出来。具体来说，运用讲解法时有以下几个方面需要注意。

（一）讲解要具有较强的目的性和针对性

对于指导者来说，其讲解应该做到目的明确，有针对性。具体来说，讲解应以所授项目的内容、动作结构、动作要领、用力顺序及要求等为主要依据，通过与不同年龄、不同职业、不同文化层次的锻炼者的特点和实际情况的有机结合，有目的、有针对性地对锻炼者在思想上、技术上和肢体上存在的问题和不足进行讲解，有侧重点地进行讲解；要对讲解的方式进行合理的选择，比如是集体讲解还是个别指导；除此之外，还要对讲解的形式、讲解的语气、讲解的速度进行相应的要求，具体要根据每个人的实际情况，以锻炼者的需要为依据来调控讲解，做到快慢交替、弛缓、有节奏，使锻炼者的思维活动时刻保持良好的状态，从中获得学习的高效益，进而获得理想的健身锻炼效果。

（二）讲解要生动形象，要富有启发性

在体育锻炼过程中，指导者生动、形象而富有趣味性的语言不仅能够将锻炼者的学习积极性充分调动起来，使他们的注意力有效提高，而且还能够使课堂气氛更加活跃，对他们的情绪产生一定的调节作用，从而使锻炼者更加容易理解和接受。

同时，指导者的讲解要对锻炼者起到一定的启发作用，从而促使其能够积极进行思考，另外，还要善于将锻炼者在生活中已有经验、认识或学过的技术动作，与所学技术动作有机联系起来，可以采用提问、对比的方式，对他们积极思考起到一定的启发作用，并能举一反三，触类旁通，使他们将听、看、想、练有机地结合起来，做到知其然更知其所以然，让他们对技术动作有更好的理解和掌握，从而使其健身锻炼的质量和效果也得到进一步的提高。

（三）把握好讲解的时机，并对正确的信息进行及时的反馈

指导者要注意根据锻炼者在体育活动过程中动作效果的好坏来用简短的语言有针对性地进行恰到好处的提示，具体来说，就是及时地给予锻炼者正确的信息反馈，对其运动中存在的问题和不足进行及时的纠正，以强化正确刺激，加深印象，达到事半功倍的效果。

在锻炼过程中应以锻炼者存在的问题和涉及的人员范围为主要依据进

行有针对性的讲解，属于普遍性的、涉及面较大的问题可以进行集体讲解，相反，则可以进行个别指导。

通常情况下，讲解要做到简单讲解、抓住重点、突出关键。对于社会体育活动参与者的讲解指导应以表扬、鼓励、肯定成绩为主，这样不仅能够帮助他们树立自信，发掘其潜在的动力，而且能对于他们各方面的进步起到积极的促进作用。

（四）讲解的内容不仅要科学、合理，还要与锻炼者的接受能力相符

体育锻炼过程中，不同年龄、不同层次的锻炼者的接受能力是具有较大差异的，因此，这就要求指导者要认真钻研业务，使自身的业务水平和能力得到进一步的提高，结合不同的锻炼对象，有针对性地进行讲解，做到区别对待，讲解时不仅要注重科学性、合理性，而且还要将不同的讲解深度和广度体现出来，要突出重点、难点，全面而系统地进行讲解，从而达到使讲解与锻炼者已有的知识经验和体育基础相符，为锻炼者正确理解和有效地接受创造便利的条件，进而取得理想的讲解效果。

（五）讲解中要正确使用口诀、术语，同时做到简明扼要

体育锻炼主要是从事各种身体练习，通过有效的各种身体活动来达到健身的目的。因此，如果讲解时间过长，就一定会对锻炼者的活动节奏、活动的时间和练习的次数产生一定的影响。

因此，这就要求讲解一定要做到简明扼要，精讲多练。另外，在锻炼过程中恰当、熟练地运用口诀和术语，对于锻炼者进一步理解所学技术动作同时加深记忆是非常有力的，还能够确保他们有充足的练习时间进行身体锻炼。可以说，口诀和术语是最集中、最概括、最精练、最易记的语言。通过口诀和术语在实际操作过程中科学合理的运用，往往能够取得非常理想的语言效果。

二、示范法

指导者以正确的具体动作为范例，使锻炼者从中清楚地了解所学动作的形象、动作结构、用力顺序、完成动作的要领和方法，同时也运用错误动作的演示来帮助他们解决动作中存在的问题和不足，改进技术动作，掌握正确的技术动作和进行练习的方法，就是所谓的示范法。

除了讲解法，示范法在社会体育活动中也是最实用、最重要、最有效的指导方法之一。示范法也有着较为显著的特点，其主要表现为灵活简

便、形象生动，一目了然，真实感强，针对性强，能够使锻炼者建立正确的动作表象，使其锻炼的兴趣和积极性得到有效的提高。其展示的效果也较为明显，因此，往往在锻炼过程中的各个环节得到广泛的运用。

示范动作的好坏会对锻炼者技术动作的掌握以及锻炼效果的好坏都产生直接的影响。因此，在社会体育活动中运用动作示范时，有以下几个方面需要注意。

（一）示范要有明确的目的，要突出示范的重点

指导者要根据明确的目的进行示范，每次示范都应对所要解决的问题进行明确，示范什么、如何示范应以锻炼者的实际情况为主要依据而确定，并与他们的练习需求结合起来，将重点内容突出出来，从而使练习者能集中注意力观察清楚所要观察的重点内容。同时，可以以不同的目的为主要依据，采用完整示范或分解示范，需要注意的是，示范的速度节奏可以用慢速、常速、快速等不同的方式。

（二）要在正确的位置、方向和时机上进行示范

要以动作的需要为主要依据来选择示范的位置和方向，同时，还要与锻炼者有目的、有重点地更好观察和有利于他们学习掌握等情况相适应。首先，示范的距离要合适，远近适宜，以每个锻炼者能够看清楚为原则，以项目的动作特点、动作结构、用力顺序和锻炼者学习的需要为主要依据，选择适当的示范方式，比如正面示范、侧面示范、背面示范以及在队伍的前面或中间等进行示范。

另外，需要注意的是，有些示范需要对干扰因素、安全因素进行充分的考虑，从而使锻炼者能够处于较为有利于学习的合理位置。指导者要根据练习者对动作技术的掌握情况，进行适当的提示和指点，从而使他们对所学习的知识能够进一步熟练掌握并加深印象，提高锻炼的效果。

（三）要正确、熟练、优美、合理地进行示范

指导者的示范动作是要给锻炼者一个完美的技术动作形象，建立起一个正确的技术概念，激发起他们参与的兴趣，产生跃跃欲试的心理冲动，因此，应该做到力求准确、熟练、轻快和优美。

另外，还需要注意的是，指导者的示范动作一定要与锻炼者的实际情况相符合，具体来说，就是要达到他们可以接受的水平，从而使那些脱离和超出锻炼者实际能力的示范而导致他们产生高不可攀、望尘莫及、灰心丧气的思想，进而丧失参加锻炼的信心的现象得到有效的避免。

（四）示范与讲解要有机结合

作为体育锻炼中两个最基本、最重要的指导方法，讲解与示范都有着重要的作用。将讲解与示范有机结合起来，对于将锻炼者的视觉器官和听觉器官、直观与抽象紧密地结合起来扩大直观的效果都是较为有利的。示范与讲解两者有着非常密切的关系，它们应该是相互联系、相互补充、相辅相成的。

具体来说，示范能够对讲解的不足进行相应的补充，进一步加深讲解的直观；而同时，讲解也能够对示范不易表示的内容进行相应的补充，如肌肉感觉等。需要注意的是，示范与讲解在锻炼的不同阶段，两者的侧重点会有所不同，具体要以锻炼者的实际情况和需求为依据而定。

将讲解与示范有机结合起来，往往会形成先讲解后示范、先示范后讲解、边讲解边示范等几种形式，运用哪种结合形式，为了保证良好的讲解与示范的实际效果，都要视锻炼的需要和指导的需要而定。

三、完整教学法

完整教学法是一种重要的社会体育组织活动的方法，其不仅是指导者传授技术动作的方法，同时也是锻炼者进行学习和掌握技术动作的练习方法。这种指导方法有着较为显著的优点，其主要表现为：能够使技术动作的完整性、连贯性和节奏得到保证，不会对技术动作的结构及其各环节之间的内在联系产生破坏作用，对于锻炼者建立完整的技术动作概念、完整地掌握动作都是较为有利的。

同时，这一方法也存在着一定的缺点，主要表现为：对于技术动作复杂、难度大的项目的学习，不易掌握其中复杂环节的技术动作。

因此，这就要求指导者在锻炼过程中，应对所要传授项目的特点、动作结构、用力顺序等具体情况进行认真的研究，对项目进行深入的分析，掌握项目的运动特点和规律，通过与锻炼者的实际情况和特点的有机结合，有目的、有针对性地设计出适宜的传授技术动作的步骤，使完整教学法的实施能够与锻炼者的实际接受水平相符，以便锻炼者能够较好地学习和掌握技术动作，提高锻炼的效果，获得理想的锻炼效果。

从完整教学法的优缺点中可以看出，这种方法并不是对于任何项目的教授都适用的，通常情况下，这种方法适用于技术较为简单的项目。因此，在体育锻炼过程中运用完整教学法时应该对以下两个方面引起重视。

第一，使练习难度有所降低，将重点环节突出出来。在身体锻炼活动中，通过降低完成动作的速度、幅度以及练习的运动负荷，能够让锻炼者对动作的用力顺序、基本结构和动作节奏有一个基本的掌握，在此过程中应对重点环节提出恰当的要求，使他们对该技术动作的主要环节是什么有所明确。需要注意的是，不要在一开始就对锻炼者提出过高的要求。通常情况下，技术动作较简单、对协调性和身体素质要求较低的活动内容越适合完整教学法的运用。

第二，要有侧重地对技术动作进行教授。健身锻炼中用完整教学法向锻炼者教授技术动作时，要以完整的练习形式进行锻炼，并且要注意教授的侧重点要有所不同。

四、分解教学法

把完整的技术动作合理地分解为几个部分，使技术动作简化，并逐步依次进行教授，然后将掌握的分解部分衔接、连贯起来，掌握完整技术动作的方法，就是所谓的分解教学法。

这种教学法既有一定的优点，同时也存在着缺点和不足。具体来说，其优点主要表现在：能够将复杂的技术动作简单化、降低难度，使锻炼者易于接受，这对于技术动作的困难环节的掌握是较为有利的，同时，还能够加快对技术动作的掌握，使锻炼者的运动信心得到进一步的提高。

其缺点和不足则主要表现为：容易使技术动作割裂，对技术动作的完整结构和技术动作的合理衔接产生一定的破坏作用，对正确技术动作的形成产生不利的影响。

鉴于此，就要求指导者在实施分解教学法之前，就应该全面深入地了解和认识所教项目的特点、技术结构等，对该项目应该如何划分才合理，哪些环节是不可以分解的，分解后各技术环节的教授顺序，各技术环节练习的时间分配，重点在哪，以及各技术环节应该如何进行有效的衔接等有熟练的掌握。

同时，指导者也应该对锻炼者的身心特点和具体情况有充分的了解，并以此为依据，通过教学方法的灵活运用来使他们锻炼的积极性得到有效的提高，进而增强锻炼的效果。

从分解教学法的优缺点中可以看出，这种教学法主要在技术动作复杂并且可以进行分解的运动项目中得到广泛的应用，在体育锻炼过程中运用分解教学法时，有以下几个方面需要注意。

（一）要正确划分技术动作，对其前因后果及衔接关系进行充分的考虑

要以所授项目的结构特点、用力顺序为主要依据来划分技术动作。准

确合理地进行分割，要对各部分之间的内在有机联系进行充分的考虑，以不破坏技术动作的结构特点和不影响技术动作的节奏及衔接为前提。同时还将锻炼者的实际接受能力作为考虑的重要方面。

（二）分解练习的时间要恰当，及时过渡到完整练习

锻炼者完整地掌握技术动作，是分解练习的主要目的。因此，这就要求分解练习的时间要适当，且不宜过长，应以锻炼者技术动作掌握的具体情况为主要依据，适当地与完整教学法结合起来，尽快进行技术的完整教学，从而使分解的时间过长造成各技术环节之间的脱节，形成分解的动力定型，从而破坏技术动作的完整性、连贯性和节奏，对完整技术动作的掌握造成影响的情况得到有效的避免。

（三）要将分解教学法与完整教学法结合起来进行使用，注意侧重点

在体育锻炼过程中，分解教学法与完整教学法并不是对立的，而是有着密切联系的，应该紧密配合运用。实际上，在体育锻炼的教授中应该以项目特点、锻炼者的具体情况、锻炼学习的时间等因素为主要依据，对完整教学法和分解教学法进行合理的运用，做到你中有我，我中有你。具体来说，就是分解之中有完整，而完整之中少不了分解，形成完整—分解完整的过程，两者可以互为补充，相得益彰，从而对锻炼者尽快地掌握所学的技术动作起到积极的促进作用。

五、预防与纠正错误法

指导者为了防止和纠正锻炼者在进行体育锻炼时出现的错误动作所采用的方法，就是所谓的预防与纠正错误法。对于锻炼者来说，在学习和掌握所学技术动作的过程中，由于受各种因素的影响，各种各样的动作错误都有可能出现。这时候就要求对这些错误进行及时的纠正，从而使错误动力定型的形成得到有效的避免。

对错误进行纠正的关键在于针对锻炼者出现的不同错误动作，有针对性地选择和运用不同的预防与纠正错误方法。要做到预防和纠正的有效，要求指导者做到两点要求：首先，是防患于未然；其次，是对症下药。具体来说，防患于未然主要在于防，就是在错误出现之前就对锻炼者传授预防错误的主动意识，并且能够以通过与项目特点、动作结构、用力顺序和锻炼者的实际具体情况的有机结合，预见到锻炼者进行练习时可能会出现的动作错误。

以这些情况和特点为主要依据，将可能发生的动作错误找出来，积极主动地采取有效的预防手段和措施，尽可能地防止错误动作的产生，降低纠正的几率。

对症下药，则主要是针对已经出现的错误，通过分析错误以及出现错误的原因，有针对性地进行纠正，为掌握正确的技术动作，提高健身锻炼的效果打好基础。

可以说，预防与纠正错误动作的方法是有机联系的，对某一个动作的预防措施很可能是对另一个动作的纠正手段，而对前一个错误动作环节的纠正可能对后一个环节的正确形成产生良好的结果，因此，这就要求一定要根据实际情况和需要，灵活运用预防与纠正错误法，以达到最佳的教学效果。

另外，需要强调的是，在体育锻炼过程中运用预防与纠正错误法，为了保证理想的锻炼效果，需要注意以下几个方面的事项。

（一）要使指导者的业务水平和教授能力有所提高

锻炼者对正确技术动作掌握的好坏，在很大程度上取决于指导者的业务水平和教授能力的高低。因此，这就要求指导者要认真钻研所授内容，深刻理解掌握正确的技术动作，从而使自身的业务水平和教授能力得到不断的提高，同时，还要求其能以项目和锻炼者的具体实际为依据，认真备课，精心科学合理地设计锻炼的方法与手段，使锻炼者从中能较快地掌握正确的技术动作，增强活动的信心，增强体质，有效地提高体育锻炼的效果。

（二）因人而异，区别对待，导之有法

锻炼者之间对技术动作的掌握是有一定差别的，有快慢、优劣之分。这就要求指导员首先要对这些情况有一定的了解，然后根据锻炼者的特点和实际情况，有针对性地选择相应的解决方法和手段，以达到最佳的教学效果。

（三）纠正错误要分清主次，有的放矢

在参加体育活动过程中，锻炼者往往会出现各种工作错误，但是，这些错误是有主次之分的，因此，这就要求指导者对错误的主次进行区分，然后以此为依据有所侧重地进行纠正，做到对症下药，先纠正主要的错误动作，再有序地解决其他次要错误动作，做到有的放矢。

（四）善于综合运用各种指导方法，相互协调配合

体育锻炼过程中，要想达到理想的纠正错误的目的，就必须选择正确的方法。由于各种指导方法的使用范围都有其一定的局限性，因此，只有对各种方法进行深入的了解，并有针对性和目的性地搭配起来进行运用，才能够将它们的作用充分发挥出来，取得最佳的预防与纠正效果。

第四节　社会体育组织发展的路径研究

在现代社会背景下，由于我国社会体育组织起步较晚，发育不健全，这使得政府向社会体育组织购买体育公共服务还存在诸多问题，社会体育组织的不健全业已成为阻碍我国社会体育发展的重要因素。利用政府向社会体育组织购买体育公共服务的手段促进社会体育发展，应注意以下两点。

一、利用政府向社会体育组织购买体育公共服务的手段

（一）改善政府体育部门与社会体育组织的关系

在现代社会背景下，创新社会公共管理体制，整合社会资源，提高社会管理水平，形成政府负责公众参与的社会管理格局，是我国的改革目标。在这一目标下，政府与社会之间旧有的管理与被管理的关系被打破，逐渐成为协同的新型关系，这符合我国正向市民社会转变的现实。

在市民社会里，人民大众的参与意识越来越强，人们有更多的渠道表达自己的诉求。在现代体育公共服务供给机制改革中，应充分利用好社会和市场力量实现体育公共服务的科学供给。目前来看，政府购买体育公共服务模式是一条切实可行的道路。

（二）为社会体育组织的发展提供重要的动力

大量的实践和事实证明，社会组织在整合社会资源，挖掘和聚集专业人才，满足居民需求等方面都发挥着巨大的作用。由于我国社会体育组织的权力非常有限，资源比较缺乏，整个组织系统无法良好的运转，有的几乎处于半瘫痪状态，大部分未能充分发挥为社会服务的功效。

发展到现在，政府购买体育公共服务的模式使政府与社会体育组织成为买卖契约关系，这为社会体育组织的发展排除了阻碍，提供了必要的动力，可以使社会体育组织在体育公共服务供给中的优势得到充分发挥。这

不仅实现了为社会服务的宗旨，还解决了运转经费不足以及人才缺失等问题，激发了社会体育组织为社会提供体育公共服务的积极性，从而保证了体育公共服务的质量。

二、社会体育组织发展的根本路径

（一）创设政府向社会体育组织购买体育公共服务的环境

要创设政府向社会体育组织购买体育公共服务的环境，需要做到以下几点。

1. 加快服务型政府建设步伐

在政府部门促进社会体育组织发展的过程中，政府部门要改变对社会体育组织的认识和看法，要认清社会体育组织不仅仅是被管理的对象，也不是政府的附属品，要明确社会体育组织在体育公共服务中的地位和作用，制定发展规划，大力支持和引导社会体育组织的发展。

在未来的发展中，政府与社会体育组织要建立一种平等合作的关系，明确各自的权利和义务，合理划分各自的界限，在社会治理日益多元化的趋势下，社会组织承担社会事务，而政府恢复其应有的规划、调控、监管、评估等职能。只有这样，政府部门与社会体育组织之间的职责才能明确，这不仅有利于服务型政府的建设，同时还有利于社会体育组织的可持续发展。

2. 高度重视政府购买体育公共服务相关法律政策环境的建设

规范统一相关制度，使社会组织在承接体育公共服务项目时有法可依，有章可循。良好的法律政策环境无疑是推动政府与社会体育组织可持续合作的保证，更是社会体育组织发展的重要条件。

3. 社会体育组织自身要定位准确

不断提高服务质量，取得政府和民众的信任，充分利用贴近民众的优势，发挥民众与政府之间的纽带作用，主动创设有利于自身发展的环境。

（二）创新社会体育组织管理模式

一般来说，保持独立是政府向社会体育组织购买体育公共服务的前提和重要条件，而目前我国的具体情况是社会体育组织的分级登记、双重管理等管理体制显然不符合这一要求，应加强体制改革，使社会体育组织的双重管理现状得以改变，由“双重管理”变为“单向管理”，即以前的业务主管部门不再直接对社会体育组织进行监督和管理，只是起到业务指导的作用。

在目前我国社会体育组织发展的情况下，成立社会体育组织服务部门，统一实行对社会体育组织的备案、登记和监管是很有必要的。这能从根本上改变社会体育组织对政府的依附关系，放宽社会体育组织成立的限制条件，并简化登记注册手续。

政府对社会体育组织的活动内容要起到一定的引导作用，而不要过多地干预，让社会体育组织真正实现自治。除此之外，不断创新社会体育组织的管理模式，完善协调运转、责权清晰、有效制衡的法人实体健全评估考核机制，政府对社会体育组织承担的体育公共服务项目要实时监控，及时了解社会体育组织提供服务的效果并反馈，还可以建立由专家、学者及民众组成的第三方评估机构，对社会体育组织进行评估，提高对社会体育组织的管理效率，这样能保证社会体育组织的有效运转，从而提高体育服务的质量，更好地为大众参与体育运动服务。

（三）社会体育组织应不断完善自己，提高体育服务质量

社会体育组织能否较好地承担政府购买的体育公共服务项目，其内功（提供体育公共服务的能力和素质）是关键。这一方面决定了社会体育组织能否在政府购买体育公共服务的竞标中获胜，另一方面决定了其提供的体育公共服务质量能否得到评估小组和民众的认可，进而影响到该社会体育组织承接下一期项目。

社会体育组织要想完善自己，不断提高体育服务的质量，应注意以下几个方面。

第一，要大力挖掘和培养一大批拥有过硬的专业素质和良好人文素质的体育公共服务专业人才。人是社会组织的根本，人才对社会体育组织的发展起着至关重要的作用。在社会体育组织完善自己的过程中，要不断创新组织文化吸引人才、留住人才，并且还要时常关注人才队伍的结构问题。

第二，加强现有员工的在职培训，加快其知识与技术更新，通过培训考核、资格认证等方式不断提高他们的体育公共服务能力，并在承担政府购买的某一项体育公共服务之前做好相关的培训工作。

第三，社会体育组织要加强自律，完善自我管理“自我约束”的内部管理机制，在财务、项目管理等方面更加规范和科学，提高自我监督和相互监督能力，坚持以诚信为本组织的宗旨。

第四，充分运用政府购买体育公共服务的资金，并利用组织资源合法经营，拓展服务内容以增加收入，同时多渠道筹措资金，保障社会体育组织的良性发展。

（四）合理调整社会体育组织网点布局，制定合理的发展规划

社会体育组织的网点布局是非常重要的，如果网点布局不均不但制约了社会体育组织自身的发展，也成为政府向社会体育组织购买体育公共服务的障碍。政府应制定科学、合理的社会体育组织发展规划，在全面了解现有社会体育组织的基础上，合理调整网点布局，统筹发展。

调整社会体育组织网点布局时需要注意以下几个方面。

第一，对于社会体育组织的地区加强政策的引导和资金的支持，加大对该地区社会体育组织的培育。

第二，对日渐萎缩及运转出现困难的社会体育组织采用重组的方法加以恢复。

第三，对同类体育公共服务供给重复和过剩的社会体育组织进行项目的调整，逐步使社会体育组织在地区之间实现平衡，项目种类、数量等方面科学与合理。

第四，应及时了解本地区民众体育公共服务需求，加强与政府部门之间的沟通和交流，实现信息对称，依据自身的实力制定发展目标和规划，不断扩大体育公共服务的内容和对象，以满足社会大众的体育需要。

参考文献

[1] 徐晓敏. 新形势下我国体育高职院校的发展策略 [J]. 体育科技文献通报, 2016 (11).

[2] 郑祥荣, 邓壁娟. 高等院校体育教育本科专业教育实习模式反思、构建与展望 [J]. 嘉应学院学报, 2014 (11).

[3] 赵伟. 体育科学和教育科学的相互渗透——评《体育科学研究理论与方法》[J]. 中国教育学刊, 2016 (11).

[4] 陈冲, 范非非. 毕业生就业现状调查研究——以宿州学院体育教育专业为例 [J]. 山东农业工程学院学报, 2015 (04).

[5] 陈宁. 全民健身概论 [M]. 成都: 四川教育出版社, 2003.

[6] 果振义. 浅谈体育文化及妇女运动. 当代体育科技, 2012 (06).

[7] 仇军. 中国体育人口的理论探索与实证研究 [M]. 北京: 北京体育大学出版社, 2002.

[8] 周传志. 我国家庭体育发展探析 [J]. 体育学刊, 2002, 7 (4).

[9] 刘丙权. 体育教育专业学生就业现状及对策研究 [J]. 沈阳体育学院学报, 2005 (02).

[10] 叶加宝, 苏连勇. 体育概论 [M]. 北京: 北京体育大学出版社, 2005.

[11] 钱利安. 休闲体育理论与实践调查研究 [M]. 杭州: 浙江大学出版社, 2008.

[12] 文彦. 知识经济与生活方式创新 [M]. 成都: 四川辞书出版社, 1999.

[13] 周兵. 休闲体育 [M]. 桂林: 广西师范大学出版社, 2002.

[14] 何凝. 社会体育概论 [M]. 成都: 四川大学出版社, 2005.

[15] 张敦福. 现代社会学教程 [M]. 北京: 高等教育出版社, 2004.

[16] 卢元镇. 社会体育导论 [M]. 北京: 高等教育出版社, 2004.

［17］崔丽丽．全国性体育社团现状分析［J］．天津体育学院学报，2002（4）．

［18］卢元镇．体育的社会文化审视［M］．北京：北京体育大学出版社，1997．

［19］刘德佩．体育社会学［M］．北京：人民体育出版社，l990．

［20］李金龙，刘宗利．社会体育概论［M］．桂林：广西师范大学出版社，2005．

［21］席焕久．体育人类学［M］．北京：北京体育大学出版社，2001．

［22］任海，王庆伟，韩晓东．国外大众体育［M］．北京：北京体育大学出版社，2003．

［23］卢峰．娱乐体育［M］．北京：人民体育出版社，2003．

［24］郑杭生．社会学概论新修［M］．北京：中国人民大学出版社，2003．

［25］卢元镇．社会体育学［M］．北京：高等教育出版社，2002．

［26］卢锋．休闲体育学．北京：人民体育出版社，2005．

［27］范克新，肖萍．团体社会工作［M］．北京：社会科学文献出版社，2001．

［28］李建国，吕树庭，董新光．社会体育［M］．北京：人民体育出版社，2004．

［29］卢元镇．体育社会学［M］．北京：高等教育出版社，2001．

［30］李宁．群体心理学［M］．广州：暨南大学出版社，2001．